21世紀漢語言專業規劃教材
專業方向基礎教材系列

音韻學教程

（第五版）

唐作藩 著

圖書在版編目(CIP)數據

音韻學教程/唐作藩著.—5版.—北京：北京大學出版社,2016.5
（21世紀漢語言專業規劃教材·專業方向基礎教材系列）
ISBN 978-7-301-27097-4

Ⅰ.①音… Ⅱ.①唐… Ⅲ.①漢語—音韻學—高等學校—教材 Ⅳ.① H11

中國版本圖書館 CIP 數據核字(2016)第 099463 號

書　　　名	音韻學教程（第五版）
著作責任者	唐作藩　著
责任编辑	王鐵軍　歐慧英
標準書號	ISBN 978-7-301-27097-4
出版發行	北京大學出版社
地　　　址	北京市海淀區成府路 205 號　100871
網　　　址	http://www.pup.cn　　新浪微博：@北京大學出版社
電子郵箱	zpup@pup.cn
電　　　話	郵購部 62752015　發行部 62750672　編輯部 62754144
印 刷 者	天津中印聯印務有限公司
經 銷 者	新華書店
	787 毫米 ×1092 毫米　16 開本　12 印張　5 插頁　210 千字
	1987 年 5 月第 1 版
	2016 年 5 月第 5 版　2023 年 12 月第 8 次印刷
定　　　價	32.00 元

未經許可，不得以任何方式複製或抄襲本書之部分或全部內容。
版權所有，侵權必究
舉報電話：010-62752024　電子郵箱：fd@pup.cn
圖書如有印裝質量問題，請與出版部聯繫，電話：010-62756370

目　　錄

第一章　緒　　論 ………………………………………………………… 1
　第一節　音韻學的對象 ………………………………………………… 1
　第二節　音韻學的功用 ………………………………………………… 4
　第三節　音韻學的學習方法 …………………………………………… 10
第二章　音韻學的基本知識 ……………………………………………… 13
　第一節　漢語音韻的結構特點 ………………………………………… 13
　第二節　反切 …………………………………………………………… 16
　　練習一 ………………………………………………………………… 23
　第三節　關於聲紐的概念 ……………………………………………… 24
　　練習二 ………………………………………………………………… 33
　第四節　關於韻母的概念 ……………………………………………… 33
　第五節　關於聲調的概念 ……………………………………………… 44
　第六節　等韻圖 ………………………………………………………… 51
　　練習三 ………………………………………………………………… 61
第三章　《廣韻》音系 …………………………………………………… 63
　第一節　《廣韻》的由來和體例 ……………………………………… 63
　第二節　《廣韻》的性質 ……………………………………………… 76
　　練習四 ………………………………………………………………… 81
　第三節　《廣韻》的聲母系統 ………………………………………… 82
　第四節　《廣韻》聲母和現代普通話聲母的比較 …………………… 95
　　練習五 ………………………………………………………………… 101

第五節 《廣韻》的韻母系統 …………………………… 101
　　練習六 ……………………………………………… 116
第六節 《廣韻》韻母和現代普通話韻母的比較 ……… 117
第七節 《廣韻》的聲調 …………………………………… 123
　　練習七 ……………………………………………… 129
第八節 《廣韻》音系的構擬 …………………………… 130
第九節 《廣韻》反切的規律 …………………………… 135
　　練習八 ……………………………………………… 140

第四章　漢語音韻學簡史 ………………………………… 141
第一節 韻書產生以前的古音研究 ……………………… 141
第二節 《廣韻》以後的韻書 …………………………… 149

主要參考書目 …………………………………………………… 159

術語、人名及論著索引 ………………………………………… 161

附　遊音韻山記 ………………………………………… 王建軍 175

後　　記 ………………………………………………………… 178

再版附記 ………………………………………………………… 180

三版附記 ………………………………………………………… 181

四版附記 ………………………………………………………… 182

五版附記 ………………………………………………………… 183

第一章 緒 論

第一節 音韻學的對象

音韻學又叫聲韻學。這是分析研究漢字的字音和它的歷史變化的一門學科。

音韻學和語音學都是研究語音的,但又是兩門不同的學科,因爲它們研究的對象不一樣。語音學是研究人類發音的生理基礎和物理基礎。詳細一點說,語音學是對人類的發音進行客觀的描寫,着重分析人類語音的生理現象和物理現象,講述發音器官的作用,分析各種語音的構成。它適用於各種民族的語言。具體到各種語言來説,研究漢語的有漢語語音學,研究英語的有英語語音學,研究法語的有法語語音學,研究俄語的有俄語語音學等等,而一般的則叫普通語音學。正是由於這個緣故,所以語音學又可以稱爲普通語音學。它的作用在於訓練人們發音、聽音、辨音和記音的基本技能。而利用科學實驗的方法進行分析研究的語音學,則稱實驗語音學。

至於音韻學則不同。它是專門研究漢語的語音系統的,而且主要是研究中國古代的各個歷史時期的漢字讀音及其變化,屬於歷史語音學範疇。它是中國的一門傳統學問,已經有一千多年的歷史了。

我們知道,中國古代研究語言文字的學問有個專有的名稱,叫"小學"。最初所謂"小學"和今天"小學"的含義沒有多大的差別。根據《大戴禮記》記載,周代貴族子弟八歲入小學。又《周禮·保氏》説:"保氏掌諫王惡,而養國子以道,乃教之六藝。""保氏"是古代職掌教育的官名;"國子"是當時公卿大夫的子弟;"六藝"則有不同的説法:早期的六藝,是指的禮、樂、射、御、書、數;後來"六藝"又指"六經",即:詩、書、禮、樂、易、春秋。學六種技藝也好,學六經也好,作爲童蒙來説,首先都要學識字,故叫"小學",意思是最基礎的學問。到了漢代,就開始把研究文字的學問叫"小學"了。《漢書·杜鄴傳》:"初,鄴從張吉學,吉子竦又幼孤,從鄴學問,亦著於世,尤長小學。鄴子林,清静好古,亦有雅材……其正文字過於鄴、竦,故世言小學者由杜公。"唐顔師古注曰:"小學,謂文字之學也。"可見這裏的"小學"就是指研究文字的學問了。

　　文字的研究包括三個方面:字形、字義和字音的研究。我國分析研究字形最早的一部書就是東漢許慎的《説文解字》,成書於漢和帝永元十二年(公元100年),距今已有一千九百多年了。後來又有晋吕忱的《字林》,梁顧野王的《玉篇》等同類的字書。研究字義的書,最早的一部要算《爾雅》了。過去有人說《爾雅》是周公所作,那是不可靠的,但是可以肯定,它是不晚於秦漢之際的一部作品。它把先秦到漢初人們對經書的注釋搜集在一起,編成了這麼一部同義字或近義字的字典,屬於訓詁範圍。類似這種按字義來編排的書,還有西漢揚雄的《方言》,東漢劉熙的《釋名》,三國魏張揖的《廣雅》等。在分析字音方面,我們在漢代的典籍裏,只看到一些有關這方面的名詞術語,如"急言""緩言""急氣""緩氣"之説,"長言""短言"之説,"閉口""橫口"之説,"舌頭""舌腹"之説等,但這些術語究竟指什麼,有的還弄不清楚。另外,還有一些名稱,如"聲近""聲同""讀若""讀如"和"讀爲""讀曰"等,有的專用於注音,有的兼釋通假字。至於專門分析字音的著作,出現得比較晚。據《隋書·經籍志》記載,我國最早的一部韻書是三國魏人李登的《聲類》,其後是西晋吕静的《韻集》。但是這兩部書早已失傳,大概到唐代就很少有人看到了。現存最早的一部韻書,是隋代陸法言的《切韻》。這部書把同音字編在一起,按四聲分韻排列,是供作詩押韻選字用的。

　　到了唐代,這種研究字形的字書、研究字義的訓詁書和研究字音的音書(也稱"韻書"),就越來越多了,"小學"的範圍也越來越廣泛。也就是説,在漢代,"小學"只限於文字學内容,到了唐宋時代,"小學"就可以分爲文字之學、訓詁之學和音韻之學了。唐宋以後,再經過元、明、清各代學者的研究,我國的文字、音韻、訓詁之學又有了很大的發展。清人謝啓昆編《小學考》，把古代分析字形、字音、字義的書搜集在一起，一一加以介紹。他把"小學"分爲四類，除文字、聲韻、訓詁三類之外，還有一"音義"類，如《漢書音義》《晋書音義》等。

就音韻學來説，後來又細分爲三個部門，即今音學、古音學和等韻學。"今音學"是以《切韻》系韻書爲對象，研究南北朝到隋唐時代的語音系統的；"古音學"是對"今音學"來説的，它研究的對象是先秦兩漢的詩歌韻文，而以《詩經》用韻爲主要的根據，並且結合形聲字，研究上古時期的語音系統。至於"等韻學"，它是以宋元以來的等韻圖作爲研究對象，最初是分析韻書中反切，即韻書的語音（聲、韻、調）系統。所以唐宋金元時期只言"切韻之學"或"切韻法"，如宋代的《盧宗邁切韻法》。明初以後才叫"等韻"。現存最早的等韻圖《韻鏡》《七音略》，基本上就是分析《切韻》系韻書的反切所反映的語音系統的。後來音韻學家又用它來研究、分析、描寫近代的語音系統。到了清代，古音學家又利用等韻去研究古韻。所以"等韻學"也可以説是中國古代的普通語音學，或者説是中國特有的傳統的語音學。"今音學""古音學"和"等韻學"的這種三分法，是中國傳統音韻學的習慣分類。如果今天要給它取個更科學的名稱，我們可以把這三門傳統的學問分别稱爲"廣韻學"（或"切韻學"）、"古音學"和"等韻學"。另外學者們還提出以元代《中原音韻》系統的韻書和分析近代語音的等韻圖爲對象，建立一門"近代語音學"（有人主張稱"北音學"）。漢語音韻學就是這四個部門的總稱。這四個部門也就是音韻學研究的主要對象和基本内容了。

那麽，學習的時候，這四部分應該以哪一部分爲主呢？我們以爲，應該以"今音學"（即"廣韻學"）做基礎。這是因爲，正是在韻書產生以後，音韻學才開始成爲中國語言文字學的一個重要部門，而古音學又是在今音學的基礎上建立起來的，早期的等韻學也是以《切韻》系韻書爲對象的，所以説，我們的學習重點應該放在"今音學"也就是"廣韻學"上，具體地説就是放在《廣韻》這部韻書上。

第二節　音韻學的功用

我們學習音韻學的目的總的說來是古爲今用，細說起來有以下三個方面。

（一）是爲了更深入地瞭解現代漢語的語音系統

我們知道，現代漢語是由古代漢語發展而來的，現代漢語的語音當然也是由古代漢語的語音發展而來，音韻學就是研究古代漢語的語音系統，研究它是怎樣發展變化到現代漢語的。

同學們通過現代漢語即普通話語音學的學習，對現代漢語的音韻系統已經有所瞭解，知道它有多少元音，多少輔音，認識了它們的發音生理基礎和物理基礎。當然，掌握這些，一般是用不着音韻學知識的。但是在分析現代漢語的語音結構系統的時候，就和歷史音韻學聯繫起來了。現代漢語中講聲母、韻母、聲調這些名稱，就是用的傳統音韻學的術語。我們如果要進一步考察現代漢語語音的聲母、韻母和聲調之間的結合關係，沒有歷史音韻學的知識更是講不清楚。比如現代普通話裏的 g[k][1]、k[k']、h[x]和 z[ts]、c[ts']、s[s]六個聲母，只能與開口呼、合口呼韻母相拼，而不能跟齊齒呼和撮口呼韻母相拼。而 j[tɕ]、q[tɕ']、x[ɕ]三個聲母的拼音規則正好相反。這是現代漢語即普通話語音的一個結構特點。這個特點是歷史演變的結果，因爲它們的來源不一樣，演變的規律有所不同。另外，我們講四聲，講陰、陽、上、去這些名稱，也是傳統的。爲什麼平聲分陰陽，爲什麼叫上聲、去聲，而不叫別的名稱？這些也是和歷史聯繫得很緊密的。所以說，現代漢語的語音結構規律，跟古今語音演變的規律是有密切關係的。只有懂得了古今語音演變的規律，才能進一步掌握現代漢語語音結構的規律。這是一方面。

再一方面，我們只有掌握了語音演變的規律，才有利於做好現代語音的規範化工作。爲什麼要搞規範化呢？因爲現代漢語語音出現了不規範的現象，語音方面產生了分歧，需要加以選擇，需要進行審音定音的工作。這個工作既

---

[1] 加方括號是國際音標，不加方括號的是漢語拼音。下同。

要考慮到民衆的讀音習慣,也要提供歷史的根據。比如說"締結"的"締"字,過去有 dì 和 tì 兩讀,《新華字典》和《現代漢語詞典》採取了 dì,放棄了 tì。爲什麽要這樣處理呢? 這是因爲讀 dì 符合語音的歷史演變規律。"締"字在《廣韻》裏屬於去聲霽韻。霽韻中的"締"字有很多同音字,如"第、弟、娣、遞、逮、棣"等,既然它的同音字讀 dì,它也應該讀 dì,這是符合一般規律的。tì 是"又讀",可以取消,因爲它沒有區別意義的作用。又如"機械"的"械"字,過去也有兩讀:xiè 和 jiè,在某些方言中還有讀 gài 的,現在的字典中採取了 xiè 的讀音。爲什麽呢? 這和古反切有關。"械"爲胡介切,古爲匣母字,古匣母字在今音齊撮兩呼的前面都已變爲 x 了,所以"械"字當讀爲 xiè。將"械"讀成 jiè 或 gài,可能是受偏旁"戒"的影響。還有個"疾"字,過去也有 jí 和 jī 兩讀,現在的字典一般採取陽平一讀。這是有道理的,因爲它的反切是"秦悉切",屬全濁從母入聲字,按規律當讀陽平不送氣。其他如"卡車"的"卡"字、"侵略"的"略"字、"打五更"的"更"字等,讀法歷來有分歧,要確定哪種讀法合乎規範,查找歷史根據是很重要的一條。而要查找歷史根據,就必須懂得音韻學。除上面舉的那些例子外,還有些破讀的字,哪些該破讀,哪些不該破讀,這也是需要音韻學知識的。

第三,調查方言、推廣普通話也需要學習音韻學。大家知道,漢語方言很複雜,但是這些方言又是歷史形成的,所以普通話和方言之間都有對應的關係。這種方言和普通話之間的對應關係,我們在實踐中當然也可以找到一些,如普通話聲母爲 j、q、x 的字,在廣東梅州話裏往往讀 g、k、h。學了音韻學,我們可以更自覺地去掌握它。例如"堅、牽、掀"三個字,普通話讀 jiān、qiān、xiān,梅州話則分別讀爲 giān、kiān、hiān。似乎可以從中找到一條規律,即梅州話讀 g、k、h 的齊齒呼字,普通話念 j、q、x,這確實有不少例字。但不能包括全部情況。例如"箋、千、先"三個字,普通話念 jiān、qiān、xiān,梅州話就不讀 giān、kiān、hiān,而讀作 ziān[tsian]、ciān [ts'ian]、siān[sian] 了。可見,普通話的 j、q、x,並不完全跟方言的 g、k、h 相對應。同樣如"精、清、星"和"經、輕、興",普通話讀音完全一樣,而在某些方言中則讀音不同,前者的聲母讀 z、c、s,後者的聲母往往讀 g、k、h。可見普通話中的 j、q、x 不光和某些方言中的 g、k、h

相對應,而且還和它們的 z、c、s 相對應。這種情況的產生,是由於它們歷史來源不同。前者是從古代的 z、c、s 變來的,後者是從古代的 g、k、h 變來的。南方一些方言如梅州話保存了古代的讀音,到普通話中就發生了分化和合流,這種現象只有從歷史的角度才能解釋清楚。當然,這是比較簡單的例子,還有比這更複雜的現象。比如說,普通話"利、例、歷、栗、立"五字的讀音相同,即都念 lì,而在廣州話中,這五個字的讀音則完全不同,分別是[lei][lɐi][lɪk][lœt]和[lap],韻母都不一樣。聲調也不相同:前兩個是去聲,後三個是入聲;同是入聲字,收尾也不相同。因爲這五個字音,歷史來源本不一樣,在《廣韻》裏分別屬於至韻、祭韻、錫韻、質韻和緝韻,廣州話讀起來有分別,説明它保存了古代的讀音。相反的情況當然也是有的,如"因"[in]和"英"[iŋ],普通話讀音不同,而某些方言就沒有分別。不光湖北、湖南如此,四川、山西、浙江、福建方言也多相混。這種普通話和方言的分歧的複雜現象,只有從音韻學上才能夠得到科學的解釋。所以,中國社會科學院語言研究所編的《方言調查字表》,就是採用一個古音的體系,具體説就是《廣韻》音系。其目的就是爲了更好地調查方言,利用這個音系可以進行古今的比較説明,便於分析該方言語音演變的規律。

(二)音韻學對於學習和研究古代漢語及漢語史的作用

我們知道,不論是現代漢語還是古代漢語,都是由語音、語法、詞彙三個要素組成的。所以學習古代漢語,只瞭解它的常用詞,只掌握它的詞彙,只懂得它的語法特點,而不瞭解它的語音系統,那還是不夠全面的,更談不上學透了。

學習古代漢語,首先要利用許多工具書,其中不少是按照古音編排的。比如康熙年間編纂的《佩文韻府》,就是按"平水韻"韻目的次第排列的。依"平水韻"編排的工具書還有阮元的《經籍籑詁》、劉淇的《助字辨略》、朱起鳳的《辭通》等。王引之講虛詞的《經傳釋詞》則是按照傳統的三十六字母編排的;而朱駿聲的《説文通訓定聲》又是按照古韻十八部纂輯的。另外,舊版《辭海》《辭源》雖然是按二百一十四部首編排,但要充分利用它,也要懂古音才行,因爲它們是用反切注音的。如"一"字下注"依悉切,質韻",這裏不光用反切注音,而且還注出了"平水韻"的韻目。要拼出它的反切讀音來,要懂得什麽叫質韻,就必須瞭解音韻學。專供學習古代漢語用的《辭源》修訂本和新編《漢語大字典》還特別把《廣韻》的反切和聲韻調注出來,後者還加注上古韻部。又如查《康熙字典》時,我們會發現,它還採用了《唐韻》《廣韻》《集韻》《洪武正韻》《古今韻會(舉要)》等韻書的反切。這些都是音韻學所涉及的內容,所以不懂音韻學就無法充分利用這些工具書,就會妨礙我們對古漢語的瞭解。

其次,一種語言的三個要素,都不是孤立的,詞彙、語法都和語音有密切的關係。比如說,有些詞字形同是一個,現在的讀音也相同,但意義不一樣,如再進一步瞭解一下,它們古代的讀音實際上也不一樣。如"易"字本有"難易"的"易"和"變易"(交換、交易)的"易"的區別。它們只是字形相同,實際上古代讀音也不一樣:"難易"的"易",《廣韻》以豉切,屬去聲,寘韻;而"變易"的"易",則是羊益切,屬入聲,昔韻。它們的聲母是相同的,但韻母和聲調本不一樣,這就是說,它們原來意義不一樣,讀音也是不一樣的。我們如果對它的古代讀音有所瞭解,那麼對它爲什麼會有兩種意義,辨別起來就更清楚一些。又如"奸"字古代也有兩個:一是"奸(gān)犯"的"奸",《廣韻》古寒切,屬一等寒韻;一是"奸(jiān)邪"的"奸",本作"姦",古顏切,屬二等刪韻。由於漢字簡化,現代"奸""姦"不辨,古書上的用法是有區別的(前者用於干犯,後者用於邪惡),讀音也是不同的。可見懂點古音,對我們辨析古代的詞義是很有幫助的。

古書中還有一些通假字,這些通假字是文字和語音的問題,也反映了詞義和語音的關係問題。例如《詩經·周南·葛覃》的第三章:"言告師氏,言告言歸。薄污我私,薄澣我衣。害澣害否?歸寧父母。"這首詩的內容是寫一個貴族女子回娘家,寫她動身之前要換洗些衣物。"澣"(huàn)現在簡寫成"浣",就是"洗"的意思。那麼"害"字在這裏又是何義呢?要是從"害"字本身來看,是講不通的。原來這是個通假字,它假借爲"曷",亦即"何"(什麼)。"害澣害否"是說"要洗什麼衣物,不要洗什麼衣物"。在上古音裏,"害"跟"曷"不光聲母相同(匣母),韻部也同屬月部。我們知道,古書裏的通假字是很多的,所謂通假字,實際上就是古人在傳抄典籍或記錄口授經書的時候寫下的同音"別字"。明清之際顧炎武就曾這樣說過:"讀九經自考文始,而考文自知音始。"他的意思就是說,讀經書要從考證文字開始,而考證文字,又要從考證語音開始。因爲經書裏很多問題都與語音有關。通假字的問題，實際上就是個語音問題。對於這一點，清人王念孫說得更清楚。他說："訓詁之旨，存乎聲音。字之聲同聲近者，經傳往往假借。學者以聲求義，破其假借之字，而讀以本字，則渙然冰釋。如其假借之字而強爲之解，則詰鞫爲病矣。"（見王引之《經義述聞》）這幾句話很好地說明了通假字的性質，說明了字義和語音之間的關係。但是應該明確，通假也是有條件的：兩個字必須是聲音相同或者很相近才能通假。當然這指的是古音，我們絕不能用現代的語音去理解古書中的通假。某字是在什麼時代假借的，就要按照什麼時代的語音去破讀，所以叫做"古音通假"。運用古音通假的原則去研究古書中的詞義，就可以發現一些問題，可以解決前人沒有解決的一些問題。清代一些學者，正是因爲他們既懂得訓詁，又懂得古音，所以在注釋古書方面，在訓詁學方面，取得了超過前人的成就。非但古人，現代學者也有根據古音通假的原則在考釋古文字和古書方面解決了不少問題的，比如長沙馬王堆出土的帛書《戰國策》，其中有句話是："今王使慶令臣曰：魚欲用所善。"（慶：人名）這裏的"魚"何義？"魚"通假爲"吾"。因爲"魚"和"吾"在古代聲母都是疑母[ŋ]，韻部也相同，都屬於上古的魚部。

其次，掌握了古音還可以用來考查詞源，研究漢語詞源學。王力先生的《同源字典》就是利用古音來研究漢語的詞源的。比如他說"背"和"負"是同源字，兩個字都有"負擔"的意思，意義相通；古音也是相通的，都是屬於上古並母之部，雖然今音已有很大的差別。像此種情況如果不掌握古音，是看不出它們的同源關係的。

再說，古代漢語語法和音韻學的關係也是比較容易看得出來的。比如古代漢語的代詞爲什麼那麼複雜呢？現代漢語中第一人稱代詞只有一個"我"字，可是古代漢語中則有"我""吾""余""予"，還有"朕"，另外還有用得比較少的"卬"（áng）和"台"（yí）。"台"多見於《書經》；"卬"則是在《詩經》裏常用作第一人稱代詞的，比如《詩經·邶風·匏有苦葉》第三章："招招舟子，人涉卬否。人涉卬否，卬須我友。"這個"卬"就是指代"我"。我們看，在古代漢語裏，光第一人稱代詞就這麼多。這究竟是個什麼問題呢？如果我們從語音上去分析，就可以發現，這些字實際上可能就是一個詞的歷史的或地域的不同讀音與寫法:從上古音來看,"我""吾""卬"的聲母都是[ŋ];"余""予""台""朕"的聲母也相同,都是或近似[d]。它們的韻部也是比較接近的。王力先生在《漢語史稿》(上册)中就把上古漢語的第一人稱代詞分爲[ŋ]與[d]兩系。這就是説,這是個古今方言的音變現象。不但古代,現在也還存在這種情況,如第一人稱代詞的"我"字,各地的方音就有種種不同的讀法,有的還有不同的寫法,實際上都是一個意思,大都是"我"的一聲之轉。

(三) 音韻學和其他學科的關係

首先談談古典文學和音韻學的關係。我們知道,要瞭解古代的詩歌、韻文,就需要音韻學的知識,這個問題是很容易理解的,因爲韻文、詩歌的特點就是講求押韻,講求平仄的。而押韻也是一種歷史現象,就是説,每一個時代的詩人,一般是按照他當時的語音系統來選字押韻的,所以我們要瞭解某些詩歌和韻文的用韻,就要懂得那個作者所處的時代的語音系統。當然有一些詩歌古今讀起來都是押韻的,像王之涣的《登鸛雀樓》:"白日依山盡,黄河入海流。欲窮千里目,更上一層樓。"這裏的"流"和"樓",古代押韻,現代也是押韻的,再往上推,推到《詩經》時代,這兩個字也是押韻的。但是我們遇到的多數情況是,古代押韻的,現代讀來不諧和了,如李白的《玉階怨》就是這樣:"玉階生白露,夜久侵羅襪。却下水精簾,玲瓏望秋月。"這首詩的韻脚是"襪"和"月"。今天北京人念起來肯定是不押韻的,一個韻母是 ua,一個是 üe,怎麼能押韻呢?不僅北京,現代好多方言區的人讀起來也不順口了,只有少數地方,如山西晉城話、廣東梅州話、福建厦門話才是押韻的。梅州話"襪"念[mat],"月"念[ȵiat];晉城話"襪"念[waʔ],"月"念[yaʔ];厦門話"襪"念[beʔ],"月"念[ŋeʔ]。現代普通話和許多方言讀起來之所以不押韻,主要是語音發生了變化。像這種情況並不是個别的,實際上"襪"和"月"在唐代是屬於同一個韻的,《廣韻》在入聲月韻。現在我們讀起來不押韻,是因爲許多方言都没有入聲了,韻母也變得不同了,有的雖有入聲,主要元音也發生了變化。這是説的唐詩,若是更早一些的韻文,現在讀起來不押韻的情況就更多,比如屈原的《九章·涉江》:"乘鄂渚而反顧兮,欸秋冬之緒風;步余馬兮山皋,邸余車兮方林。"韻脚"風"和

"林",就現代普通話來說,前者韻母是收[-ŋ]的,後者韻母是收[-n]的,而廣東方言讀起來則是一個收[-ŋ],一個收[-m]。不止現代方言不押韻,在唐宋時代的人讀來,就已經普遍不押韻了。《廣韻》裏,"風"和"林"分屬於兩個韻,"風"在東韻,"林"在侵韻。只有瞭解了上古音,才能知道它們是怎麽押韻的,因爲在上古音裏,"風"和"林"同屬侵部。

除了韻文之外,古典文學裏的字義的考證,也是離不開音韻學的。可以説音韻學是基本功。不少研究古典文學的前輩專家,如聞一多、游國恩等先生,不僅在文學方面,在音韻學方面的修養也是很深的。他們運用考據學去進行古典文學的研究,取得了很大的成就,這個優良的傳統值得繼承下來。

不唯研究古典文學的是這樣,研究中國歷史的,研究中國哲學史的、中國經濟學史的,甚至中國法律史的,也需要音韻學方面的知識。這個道理很簡單,因爲凡研究古代的東西,就要讀古書,就要學習古代漢語;而要學習古代漢語就會遇到字的形、音、義的問題。至於古典文獻的整理,就更離不開音韻學這個重要的工具了。

既然學習音韻學這麽重要,那麽有没有辦法把它學好呢?這是有的!下面我們就要講這個問題。

第三節 音韻學的學習方法

有人會問,學習音韻學難不難?我們説有難的一面,也有容易的一面。説它難,是因爲學音韻學和學別的學科不一樣。如古典文學、現代漢語等,過去我們都多少接觸過,而音韻學則是第一次接觸。更麻煩的是,漢字不是拼音文字,古代又没有一套科學的記音工具,用不拼音的漢字去描寫語音,去分析漢字的讀音,就少不了要創立一套專門的術語,因此也就不免爲我們帶來一些困難。再加上過去的一些學者講音韻學、解釋音韻學上的名詞術語,常常是捕風捉影,牽强附會,好多概念既含混又玄虛,甚至於一些著名的音韻學家,也免不了犯這種毛病。如清代音韻學家江永在他的《音學辨微》中解釋平仄時就曾這麽説:"平聲音長,仄聲音短;平聲音空,仄聲音實;平聲如擊鐘鼓,仄聲如擊木石。"本來平仄是不太難懂的東西,經他這麼一描寫,反倒是叫人難以捉摸了。此外有人甚至還用"五方"(東西南北中)、"五色"(青白赤黑黃)、"五行"(金木水火土)、"五臟"(心肝脾肺腎)等去附會"五音",本來按聲音的高低、抑揚和發音方法、發音部位這樣一些基本的語音學概念,很容易解釋清楚的一些問題,經他們這麼一附會,反倒不清楚了,反而使人越學越糊塗了。所以人們總以爲音韻學很神秘。再說這門學問本來就比較枯燥,加上術語很多,又有一些不科學的附會,所以學起來感到難以接受。明清時代確有人搞了一輩子也沒有把音韻學搞通的,真是"皓首窮經而不知"。因此就使人產生了不願意學和怕學的心理情緒,這種不好的影響直到現在還在起作用。

但是我們又說它不難,又說它容易,這也是有根據的。因爲音韻學畢竟是一種口耳之學,就像學習一種語言或者一種方言一樣,本來沒有什麼特別的地方,學習音韻就是學習古代的語音,而且語音在語言的三要素(語音、語彙、語法)中是最富於系統性的,它的聲母、韻母都是有數有限的,掌握了它們,整個系統也就掌握了,所以學習起來確有它的便捷之處。我們希望有志於學習音韻學的人首先要破除迷信,要打破音韻學的"特殊論""神秘論",那是一定能夠學好的。

再說,音韻學本來是歷史語音學,只要我們掌握了語音學的基本知識,古代講不清楚的音韻問題,也能夠加以科學的闡明。以前音韻學之所以被弄得那麼玄虛,主要是缺乏科學的語音學的知識。所以,"五四"以來我國一些音韻學家接受了科學的語音學以後,對舊的音韻學已經做了許多科學的整理和解釋工作,如錢玄同、趙元任、李方桂、羅常培、王力、魏建功、張世祿等先生,用現代語音學闡明音韻學的基本概念,都做出許多的貢獻。他們的著作是我們重要的參考書,我們可以根據他們指出的路子,循序漸進地學習。總之,要充分運用現代語音學的知識去學習音韻學,這是我們學習音韻學的方法之一,而且是最重要的一個學習方法。

其次,我們還可以利用自己的方言和古音進行比較。這樣學習可以體會得更深刻,掌握得更牢固。如上面我們例舉過的那些押韻的情況,普通話裏不押韻,但是在某些方言裏却往往是可以押韻的。又如吳方言裏有一套濁音聲母,我們可以利用它來掌握古代的濁聲母。如"顛、天、田"三個字,普通話讀[ₒtian][ₒt'ian][ₒt'ian]①,它們的韻母相同,聲母有兩類,"顛"是[t-],"天","田"是[t'-],而且都是清聲母。如果用吳方言來讀,則要讀成[t-][t'-][d-],三個字聲母都不同。"田"的聲母在古代就是個全濁音,這只有吳方言和一部分湘方言保存下來了。再如粵方言,它比較完整地保存了古代的入聲收尾,我們可以利用它來掌握古代的入聲字。如"一、六、十"三個數字,是三個入聲字,正好反映了古音三種不同的韻尾,"一"收[-t],"六"收[-k],"十"收[-p],這只有現代説粵方言的人才能辨析得清楚。還有,古代三種陽聲韻尾也只有粵方言能普遍分辨,如"音、英、因"在古代分別收[-m]尾、[-ŋ]尾、[-n]尾,而現代普通話和許多方言已經"音""因"不辨,有的方言甚至於"音、因、英"三個字音都不分了。再舉個例子,如"官""關"古音本不同,北京話却沒有區別,所以北京海淀"中官村"(原是清代太監居住的村莊),現在都寫成"中關村"了。如果在南方,那就改不成,因爲南方許多方音"官"和"關"的讀音仍然不同。如蘇州話"官"念[kuø],"關"念[kuɛ]。所以利用方言來學習古音是一個很有利的條件。特別是像我們國家,方言這麼複雜,利用它來學習古音,是一個很好的手段。

再次,要學好音韻學,除了閱讀有關的參考書,還要多做練習。自己動手,熟能生巧。所以我們的課程講到一定的階段,就要布置練習;做練習、講評練習也是本課程的重要內容之一。

---

① 括號內音標左下角的 c 是聲調符號,詳見 50 頁標調法。

第二章　音韻學的基本知識

本章講授音韻學的基本知識、基本概念,目的是爲學好下一章《廣韻》音系打基礎。

第一節　漢語音韻的結構特點

學習音韻學,首先就要學習分析漢字的字音,要瞭解漢語音韻結構的特點。我們知道,使用拼音文字的印歐語言,在分析語音的時候,一般是以音素作爲分析單位的。可是我們的漢字不是拼音文字,所以從字的形體上看不出音素來,也分析不出音素成分來。漢字的語音分析是以音節(也叫音綴)爲單位的。什麽叫音節呢?這是語言學上一個有爭論的問題,但就漢字來説比較容易理解,即一個字就是一個音節,一個音節寫下來也就是一個字,所以一個個方塊漢字不僅是文字的單位,也是語音的單位。這當然是就一般情況來説的,也還會有特殊情況。有的時候有些詞由於有輕音或兒化,人們連讀快讀的時候,兩個字往往念成了一個音節,如"花兒"(huaer→huar)、"我們"(women→wom)。此外,還有一種合音詞,如現代漢語的"不用"爲"甭",以及古代的"不可"爲"叵","之乎"爲"諸"等,這種情況也比較少。總的説來,漢字字音的結構還是比較簡易的。

傳統的音韻學上分析字音的方法,一般是把每個字音分成兩個部分:前一部分叫做"聲",後一部分叫做"韻"。例如"都"字的讀音 du,d 是聲,u 是韻。不過,在漢字讀音裏頭還有一個很重要的成分是貫穿在整個字音上的,那就是音高,即字調。所以,一個字音一般都可以分析爲聲、韻、調三部分,或者叫聲母、韻母、聲調。如"學習"(xuéxí)這兩個字,聲母和聲調相同,但韻母不一樣;如"邯鄲"(hándān)這兩個字,韻母相同,但聲母和聲調不一樣;而"買賣"(mǎimài)二字,則是聲母相同,韻母也相同,聲調却不同。心理學家唐鉞先生在他的《論聲韻組成字音的通則》一文中(參見他所著《國故新探》一書),曾把漢字字音分成四個部分,他取的名稱是:起、舒、縱、收。比如"莊"zhuāng,zh 爲"起",u 爲"舒",a 爲"縱",ng 爲"收"。這是對漢字字音的一種分析。還有一種分析,如劉復(半農)先生,他把一個漢字的字音比喻爲一種生物,分成五個部分,起的名稱是:頭、頸、腹、尾、神(《北京方音析數表》,載《國學季刊》三卷三號)。和唐鉞先生的定名比較起來,頭＝起,頸＝舒,腹＝縱,尾＝收,而"神"是唐鉞先生的分析中所沒有的,用來表示調。對照我們現代習慣的分析法就是:聲母(頭、起),韻頭(頸、舒),韻腹(腹、縱),韻尾(尾、收)和聲調(神)。在語音學上,韻頭又叫介音,韻腹也稱主要元音,韻尾指收音。這五部分中,前四部分是構成音節的音素,第五部分聲調指的是這個字讀音的高、低、升、降。

下面我們再舉一些例字進行分析(用寬式國際音標)。

	安	國	代	表	友	誼	事	業
聲母		[k]	[t]	[p]			[ʂ]	
韻頭		[u]		[i]	[i]			[i]
韻腹	[a]	[o]	[a]	[a]	[ə]	[i]	[ʅ]	[e]
韻尾	[n]		[i]		[u]	[u]		
聲調	1	2	4	3	3	4	4	4

從以上八個字音的分析中,我們可以瞭解現代普通話語音結構的基本情況:第一,如"表"字是五種成分都具備的;第二,如"代"字是無韻頭的;第三,如"國"字是無韻尾的;第四,如"友"字是無聲母的;第五,如"安"字是無聲母和韻頭的;第六,如"事"字是無韻頭和韻尾的;第七,如"業"字是無聲母和韻尾的;第八,如"誼"字是無聲母、韻頭和韻尾的。這正好反映了漢字字音結構的八種情況。從這八種情況,我們可以看出以下幾個特點:第一,每一個字音最多只

能缺少三個成分;第二,韻腹(主要元音)和聲調是每個字音必備的成分,是不能缺少的;第三,聲母、韻頭和韻尾,並不是每個字音非有不可的成分。不過漢語音韻學上沒有聲母也算一個單位,稱做零聲母。這三點是現代漢語語音結構的基本原則,也是現代漢語語音結構的特點。

下面附現代普通話的聲、韻、調系統(漢語拼音方案和國際音標對照):

(一) 聲　母

b	p	m	f	d	t	n	l
[p]	[p']	[m]	[f]	[t]	[t']	[n]	[l]
g	k	h		j	q	x	
[k]	[k']	[x]		[tɕ]	[tɕ']	[ɕ]	
zh	ch	sh	r*	z	c	s	
[tʂ]	[tʂ']	[ʂ]	[ʐ]	[ts]	[ts']	[s]	

* 漢語拼音的聲母 r,國際音標一般標作[ɹ]。

(二) 韻　母

開	齊	合	撮
ï	i	u	ü
[ɿ,ʅ]	[i]	[u]	[y]
a	ia	ua	
[a]	[ia]	[ua]	
o		uo	
[o]		[uo]	
e	ie		üe
[ɤ]	[ie]		[ye]
ai		uai	
[ai]		[uai]	
ei		uei	
[ei]		[uei]	

ao [au]	iao [iau]		
ou [əu]	iou [iəu]		
an [an]	ian [ian]	uan [uan]	üan [yan]
en [ən]	in [in]	un [uən]	ün [yn]
ang [aŋ]	iang [iaŋ]	uang [uaŋ]	
eng [əŋ]	ing [iŋ]	ong [uŋ]　weng [uŋ]	iong [yŋ]
er [ɚ]			

(三) 聲　調

陰 平	陽 平	上 聲	去 聲
第一聲	第二聲	第三聲	第四聲
55	35	214	51

第二節　反　切

"反切"是一種注音方法，它是用兩個漢字注出另一個漢字的讀音，這也是中國古代對漢字字音結構的分析。如當[｡taŋ]孤[｡ku]切"都"[｡tu]。這裏的"當"表示"都"的聲母[t]，"孤"表示"都"的韻母（包括聲調）[｡u]，聲母和韻母一拼合，就切出一個"都"[｡tu]字音來。古時直行書寫，反切的兩個字一個在上，一個在下。反切的基本原理是：上字取聲，下字取韻（包括調）。反切上字（如"當"）也簡稱爲切上字，反切下字（如"孤"）也簡稱爲切下字，"都"則稱爲被切字。

　　反切的原理跟拼音基本相同。但是反切的拼音方法跟拼音文字(音素文字)的拼音方法不一樣。因爲拼音文字是單純的兩個音素相拼,而漢字是聲、韻、調相結合的,因此拼切時,上字只取其聲,而不管它的韻母,下字只取其韻(包括聲調),而不管它的聲母,二者結合起來,連續快讀才能切出被切字的字音來。如果反切上字都用開音節字,反切下字又都是用零聲母的字,那就比較容易切出被切字的讀音來了。如德翁切"東",格烏切"姑"等。只是古代的反切像這樣考慮到反切用字的是比較少的。早期反切用字都是比較任意的,只要與被切字同聲母的都可以用來作爲它的切上字,只要與被切字同韻母的都可以用來作爲它的切下字。

　　反切注音在漢字的注音法上是一大進步。因爲在漢魏以前,漢字注音一般都是採取打比方的方法,叫做"譬況"。比如《淮南子·地形訓》中說:"其地宜黍,多旄犀。"東漢高誘注:"旄讀綱繆之繆,急氣言乃得之。"又如《淮南子·原道訓》:"蛟龍水居。"高誘注:"蛟讀人情性交易之交,緩氣言乃得耳。"這種打比方的注音方法,顯然是不科學、不準確的。

　　還有一種注音方法叫"讀若"或"讀如",意思是"讀得像某字音",這實際上還是打比方。《說文解字》用得比較多。比如玉部:"珣,讀若宣。"又宀部:"宋,居也,從宀木,讀若送。"又如木部:"樺,木也,以其皮裹松脂,從木虖聲,讀若華。"對於這種注音方法,南北朝末期的音韻學家顏之推在他的《顏氏家訓·音辭篇》中曾批評說:"逮鄭玄注六經,高誘解《呂覽》《淮南》,許慎造《說文》,劉熙製《釋名》,始有譬況、假借以證音字耳,而古語與今殊別,其間輕重清濁猶未可曉,加以外言、內言、急言、徐言、讀若之類,益使人疑。"這個批評是切中要害的。

　　漢代開始,還有一種直音法。這就是用一個同音字給某字注音,如《漢書·高帝紀》:"高祖爲人,隆準而龍顏。"顏師古注:"服虔曰:'準音拙。'"又"單父人呂公善沛令",注:"孟康曰:'單音善,父音甫。'"運用這種方法必須有個重要的條件,那就是一定要找到確切的同音字。此種注音方法在我國使用了很長時間,直到現代有些辭書(如舊版《辭源》《辭海》等)還沿用這種方法。但這種注音方法也有它的局限性：首先一個重要的問題，在漢字系統裏並不是每一個音節都有同音字。正如清人陳澧在其所著《切韻考》中所批評的那樣："然或無同音之字則其法窮，雖有同音之字而隱僻難識，則其法又窮。"（卷六）可見，古人也早就看到這種注音方法的缺點了。這種注音方法的另一個問題是，由於我國方言複雜，在這一方言裏是同音字，而在另一方言裏就不一定是同音字了。所以要想讓全國各方言區的人都能正確讀出所注的某字的讀音，就得選一個全國各方言區的人都讀成那個音的字才行。如上文舉的例字"利、例、歷、栗、立"，普通話裏是同音字，但在方言裏（如吳方言、粵方言、閩方言、客家方言以及北方的晉語等）就不一定是同音字。這樣一來，選擇同音字注音就不容易了。所以"反切"就是在譬況法和直音法行不通的時候才產生的。

關於反切產生的時代，顏之推《顏氏家訓》中説過："孫叔然創《爾雅音義》，是漢末人獨知反語。"又説："至於魏世，此事大行。"叔然是東漢末人孫炎的字。唐代陸德明的《經典釋文》，張守節的《史記正義》以及後來的一些人也都以為"反切"是漢末孫炎創造的。但是事實上，在孫炎之前就有人使用"反切"了。比如較孫炎早幾十年的王肅撰《周易音》就使用了十多條反切。應劭在他的《漢書注》中也用了反切注音，如《漢書·地理志·遼東郡》下"沓氏"，注"沓"字的讀音為"長答反"。根據這些材料可以推斷，約在東漢的後期（即公元二世紀末三世紀初）就創造了反切這種注音方法。不過初創時期，可能不止某一個人，因為在這個時候創造這種注音方法並非偶然，是有其歷史背景的。原來東漢初佛教已傳入中國，而宣講佛教教義的佛經是用印度古代梵文寫的。梵文是一種拼音文字，中國人要學習佛經，首先就要懂得梵文；另外，隨着印度佛教的傳入，也從印度來了一批高僧，他們為了宣傳佛教，當然也要學習漢語。在這種文化的交流中，中國的沙門和學者在梵文拼音方法的啓發和影響下，於是就創造了反切法。

過去也有人認為，反切是中國固有的，不是受外來的影響才產生的，因為中國早就有了諸如"不可為叵""之乎為諸"的説法。我們認為，"不可為叵"之類只是一種合音，完全出於自然，而反切則是自覺地運用拼音原理，是建立在對漢字的讀音進行科學分析的基礎之上的。這種反切注音的方法，比起舊有的譬況、讀若、直音來,當然要科學多了。所以我們説,反切的應用是漢語注音方面的一大進步。

"反切"早期不用"切"字,只叫"某某反"或"某某翻",自唐代宗大曆(公元766—779年)以後,因爲唐朝統治者害怕老百姓起來造反,忌諱這個"反"字,才將"反"字改爲"切"字。但"反"和"切"意義是相同的,都是"反覆切摩"的意思,正如清人李汝珍在他的《李氏音鑑》裏所説:"反者,覆也,切者,摩也。所謂反切者,蓋反覆切摩而成音之義也。"他對"反切"的這種理解是正確的。

但是我們也要看到,這種反切注音法也有它的局限性。反切的上下字各家用得很不統一,同是一個聲母,可以用好多字去表示,如同是表示[t]這個音,可以用"都",可以用"德",可以用"東"等等,總之,凡是聲母是[t]的漢字,都可以拿來作爲它的反切上字,譬如《廣韻》裏表示聲母[t]的切上字就有"都、丁、多、當、得、德、冬"等七個。《廣韻》全書共用反切上字四百七十多個。這種反切用字的紛繁情況,自然造成了使人難記的麻煩。另一個局限性是,反切還有方言的問題和古今音的問題。常常有這種情況:古代某個反切,後代按照一般反切的原理,就不一定能切出準確的讀音來,如"所江切雙","吐根切吞","魚列切孽"。各地方言區的人切出來的讀音也會很不一樣。就以"雙"字爲例,北京念[ʂuaŋ],西安念[faŋ],漢口念[suaŋ],長沙念[ɕyan],蘇州念[sɒŋ],梅州念[suŋ],廣州念[ʃœŋ],廈門念[saŋ]或[sɔŋ],而福州則念[søyŋ]。但真正與"所江切"相合的却不多。這就更給學習的人造成了困難。當然根本的問題還是由於漢字不是拼音文字。

我們知道,各個時代有各個時代的反切,由於古今音發生了變化,所以按照現代的音去讀,也往往切不出正確的讀音來。比如"古紅切",按照一般的反切原理,上字取聲,古[ku]的聲母是[k],下字取韻和調,紅[xuŋ]的韻母是[uŋ],聲調是第二聲陽平,那麼切出來是什麼字呢? 只能切出一個[kuŋ]的陽平音來,可是普通話裏没有這個音。這是什麼原因呢? 原來現代的平聲字有陰平陽平之分,而古代的平聲是不分陰陽的,所以在古代"紅"字可以拼切任何一個平聲字。但切出來的這個[kuŋ]究竟是陰平聲,還是陽平聲,這就不是反切下字所能決定的,而要由反切上字的清濁來決定:反切上字如果是清聲母,切出來就是陰平；反切上字如果是濁聲母，切出來就是陽平。"古紅切"的"古"是個清聲母字，所以切出來的字應該是個陰平的[kuŋ]，即"公"字。又比如"同都"切"徒"吧，反切下字"都"是陰平字，怎麼會切出來一個陽平字"徒"呢？這是因爲切上字"同"古代是個濁聲母，所以切出來的字就變成陽平"徒"了。再比如"古奚切"，"古"的聲母是[k]，"奚"的韻母是[i]，切出來的是[ki]音，可是普通話裏也沒有這個讀音（某些方言裏有）。這是什麽問題呢？原來是現代普通話裏，古代的[k][kʻ][x]在齊齒呼或撮口呼的前邊分別變成[tɕ][tɕʻ][ɕ]了。這個古奚切，正是切上字"古"的聲母[k]在切下字"奚"的韻母[i]的前邊，所以切出來的音應該變讀爲[tɕi]即"雞"字，而不念[ki]。因此，要想正確地將反切拼切出讀音來，必須掌握古今音的演變規律。

　　正是由於上述的原因，所以從宋代開始，就有人對反切進行了改良。以"古奚"切"雞"爲例，由於按當時的讀音來拼切，已經不容易切出"雞"音來了，所以就有人把它改換了切字，如《廣韻》的"古奚切"，《集韻》的作者就改成了"堅奚切"了。但這只是開始注意到這個問題。明末呂坤著《交泰韻》，清初潘耒又著《類音》，都曾設計一套新的反切。他們的主要意見是，反切上下字要用本呼的字。所謂"用本呼的字"，就是指反切上字和反切下字的四呼一致，也就是說必須開口切開口，齊齒切齊齒，合口切合口，撮口切撮口。如"古奚"切"雞"就不是用的本呼的字，因爲"古"是合口，"奚"是齊齒。而經過宋人改良後的"堅奚"切"雞"則是用的本呼的字了。呂坤、潘耒等人還進一步將反切下字改用以元音開頭的字（即零聲母字），同時顧及聲調的陰陽。比如"德紅切東"改爲"篤翁切東"。原來的切上字"德"與切下字"紅"不同呼，"紅"與"東"也不同陰陽。而改動後的切上字"篤"和切下字"翁"都是合口呼，"翁"是個零聲母字，而且和被切字都屬於陰平聲調，如此確乎比較容易切出準確的讀音來。但是這樣做也有個問題，就是以元音開頭的常用字不是都好找的。當找不到的時候就只好用個生僻的字，結果反而給利用反切的人帶來一些新的困難。如"中，竹硧切"，"硧"[ʏuŋ]字就很生僻。此字連舊版《辭源》《辭海》都沒有收（《康熙字典》收了）。所以這實際上等於沒有注音，因爲人們看了之後不認識，失去了注音的意義和作用。

後來,清人李光地著《音韻闡微》,在呂坤和潘耒的基礎上又進一步對反切做了一些改進,儘可能地不用生僻字,個別的地方可以靈活一點。比如遇到像上邊的"中,竹硼切"那種情況的時候,他就寧可用一個非零聲母的或本不同韻的常用字。舊版的《辭源》《辭海》的反切注音基本上是採自李光地的《音韻闡微》。但是不管怎樣改良,仍然擺脫不了用不拼音的漢字爲另外一漢字注音這樣一種情況。比如有時候就根本找不到以元音開頭(零聲母)的反切下字。如"資"字的韻母[ɿ],"知"字的韻母[ʅ],就沒有零聲母起頭的字做切下字。所以要擺脫這種局限性,唯一的辦法就是採用拼音字母來注音。因此,從清代末年開始,就出現了切音字運動,後來發展爲民國初年的注音符號,之後又用過羅馬字母(拉丁字母)。二十世紀五十年代製定的漢語拼音方案就是用的拉丁字母,注音的方法越來越科學了。

關於反切,先講這些,以後還會談到。下面講一講雙聲疊韻。

我們知道,古代漢語是以單音節詞爲主的,但也有一些雙音詞,這些雙音詞中又有不少所謂聯綿字;聯綿字大多是由雙聲或疊韻構成的,如"彷彿""參差""安穩""崔嵬""蒼茫""逍遙"等就是。"彷彿"的聲母都是[f],"參差"的聲母都是[tsʻ],這叫雙聲聯綿字。"安穩"也屬於雙聲,因爲這兩個字都是零聲母。"崔嵬"的韻母都是[uei],"蒼茫"的韻母都是[aŋ],"逍遙"的韻母都是[iau],這叫做疊韻聯綿字。因此不難理解,凡聲母相同的就叫雙聲,韻母相同的就叫疊韻。由此可見,反切就是用雙聲疊韻的原理創造出來的。就以"堅奚切雞"爲例,其反切上字"堅"和被切字"雞"爲雙聲,反切下字"奚"和被切字"雞"爲疊韻。但我們還要瞭解一點,即反切的雙聲疊韻和一般的雙聲疊韻字有個寬嚴的不同。反切的雙聲疊韻要求嚴,一般所説的雙聲疊韻字則比較寬。比如説反切下字和被切字疊韻,不光要求它們韻相同、調相同,而且要求韻母的每個成分都要相同。而一般的疊韻詞則只要求主要元音和韻尾相同,介音可以不考慮。比如説"嬋娟"是個疊韻詞,而嬋[tʂʻan]的韻母是[an],娟[tɕyan]的韻母是[yan],一個是開口呼,一個是撮口呼,一個有[y]介音,一個没有[y]介音,但它們仍然是疊韻聯綿字。可是在反切裏就不能用"娟"去切"嬋",反切要求切下字和被切字韻母完全相同,也就是説不僅它們的主要元音和韻尾相同,介音也必須相同。

　　當然,現在我們有了語音學的知識,瞭解雙聲叠韻是比較容易的,而在古代特別是反切創制的初期則是相當困難的,懂反切的人要把雙聲叠韻解釋清楚也很不容易。過去的韻書往往在正文之前或之後附有關於雙聲叠韻的說明。如《廣韻》卷五後就附了一個"雙聲叠韻法"。它舉了"章、掌、障、灼"和"廳、頲、聽、剔"八個字的反切做例子,以說明雙聲叠韻,幫助人們去理解雙聲叠韻。現在以平聲的"廳"字為例,來看一看當時人們是怎樣解釋反切、怎樣說明雙聲叠韻的。

雙聲叠韻法
（圖表）

　　說明:此表由於版本問題,有誤字。如去聲"聽"字下,"先雙聲廳剔、俓擊是雙聲"中"廳"為"聽"字之誤;"後叠韻"下句中的"廳"字亦然。又"到紐上聲為首"當改為去聲。又入聲"剔"字下"到紐平聲為首",當改為入聲;而"雙聲去聲為首",當改為平聲。

　　此法首先肯定了"廳"為剔靈切,然後將剔靈作為雙反語(即倒過來,又倒過去),剔靈爲廳,靈剔爲歷,這樣剔靈、靈剔這四個字放在一起就形成了兩個雙聲、兩個叠韻。它指示讀者,廳剔、靈歷爲雙聲,又指出,廳靈、剔歷是叠韻,然後説明:正紐入聲爲首。正紐指"廳"的反切剔靈切。"剔"是古入聲字,所以説"入聲爲首"。"到紐平聲爲首"(到紐指將"剔靈"反過來切,即是靈剔爲"歷"),而"靈"是平聲字,所以説"平聲爲首"。又"廳剔、靈歷"這兩個雙聲以平聲"廳"字起頭,所以説"雙聲平聲爲首";而"剔歷、廳靈"兩個叠韻,則以入聲字"剔"打頭,所以説"叠韻入聲爲首"。這樣反反覆覆地進行分析,表明古人對雙聲叠韻是很不容易理解的。

同時我們還要明白,雙聲叠韻也是一種歷史現象。因爲各個時代的雙聲叠韻都是按照每個時代的語音系統來創造的,因此,古代的雙聲叠韻,現在就不一定是雙聲叠韻。反過來,現代是雙聲叠韻的,古代也不一定是雙聲叠韻。比如"玄"[$_{¿}$ɕyan]、"黄"[$_{¿}$xuaŋ],現代顯然不是雙聲詞,但是在古代它們的聲母都是[x]的濁音[ɣ]即匣母,所以是雙聲。"玄"的聲母今讀[ɕ],那是由於音變的結果。又如,"愷"[k'ai]、"悌"[t'i],今天既不是雙聲,又不是叠韻,但在上古時代是叠韻,同屬脂部。相反的例字如"舒"[ṣu]"服"[fu],現代是叠韻字,可是在古代"舒"屬陰聲韻,"服"是入聲韻,並不叠韻。"學習"在現代漢語中爲雙聲詞,而在古代漢語裏既不叠韻,也不雙聲,因爲"學"在古代聲母屬牙喉音匣母,"習"屬齒頭音邪母。所以要瞭解雙聲叠韻,就要懂得音韻演變的情況。

練 習 一

一、用國際音標注出下列各組字的普通話讀音,並分析出它們的聲母、韻母(韻頭、韻腹、韻尾)和聲調。

1. 學好漢語聲韻調系統。
2. 海闊憑魚躍,天高任鳥飛。
3. 自己的姓名

二、拼寫出下列反切的現代普通話讀音,並注出其被切字。

| 基煙切 | 徒紅切 | 息救切 | 奴案切 | 素姑切 |
| 去演切 | 許良切 | 烏干切 | 之盛切 | 江雅切 |

三、指出下列詞語哪些是雙聲，哪些是叠韻。

菌蕳　　交界　　干戈　　豔陽　　匍匐

徘徊　　彷徨　　安穩　　纏綿　　輾轉

第三節　關於聲紐的概念

本節在介紹傳統音韻學上關於聲母方面的基本概念之前，需要復習一下語音學上關於聲母的分析。我們知道，漢語的聲母（除零聲母外）是由輔音構成的。現代語音學分析漢語的聲母，主要是從以下兩方面進行的：一是分析它的發音部位，一是分析它的發音方法。發音部位是就發音時哪一個部位發生阻礙來確定的，發音方法則是指發音時發音器官構成阻礙和克服阻礙的方式。例如[p][p'][m]和[p][t][k]這兩組音的區別在哪裏呢？[p][p'][m]三個輔音發音部位相同（均爲雙唇音），而發音方法不同；[p][t][k]三個輔音則相反，發音方法相同（都是塞音），而發音部位則不同。

從發音方法來分析，也就是從發音時發音器官構成阻礙的方式（即從氣流如何受發音器官阻礙）來觀察，輔音可以分爲塞音、鼻音、塞擦音、擦音、邊音、顫音、閃音等。塞音如[p][t][k]，鼻音如[m][n][ŋ]，塞擦音如[ts][tɕ][tʂ]。這三類有個共同的特點，都是在開始發音時，發音器官的有關部位都處在閉塞狀態，故又叫閉塞輔音。擦音如[f][v][s][ʂ][ɕ][x]，邊音如[l][ʎ]，發擦音和邊音時，發音器官則沒有完全閉塞，發音時留有一點小小的間隙，所以又稱間隙輔音。而顫音如[r]和閃音如[ɾ]，普通話和漢語方言裏一般是沒有的。

發音方法還可以從另外一個角度——發音時氣流通過聲門聲帶顫動不顫動即帶音不帶音來進行分析。不顫動的（不帶音）叫清音，如[p][ts][x]；顫動的（帶音）叫濁音，鼻音和邊音都屬於濁音，如普通話裏[m][l]；另外塞音、擦音、塞擦音裏也有濁音，如湖南邵陽方言裏的"蒲"[b-]、"從"[dz-]、"河"[ɣ-]，吳方言裏也有這類濁聲母，而且略帶一點送氣。湘方言裏的濁塞音和濁塞擦音則是不送氣的。

送氣不送氣的對立，這也是發音方法上的一個重要區別。如"霸"[p-]和

"怕"[pʻ-],"顚"[t-]和"天"[tʻ-],"岡"[k-]和"康"[kʻ-]。送氣和不送氣的對立,在漢語中也是一個重要的辨字的因素,而在有些語言(如英語、日語)裏,則沒有這種送氣不送氣的區別。如日文的"か",既可念[ka],又可念[kʻa]。

總之,從發音方法上,主要就是從上述三個方面進行輔音分析的。

再從發音部位來看,即從發音器官構成阻礙的部位來分析,現代漢語(含方言)的輔音又可以分爲:

1. 雙脣音　　[p][pʻ][b][m]
2. 脣齒音　　[f][v]
3. 舌尖前音　[ts][tsʻ][dz][s][z]
4. 舌尖中音　[t][tʻ][d][n][l]
5. 舌尖後音　[tʂ][tʂʻ][dʐ][ʂ][ʐ]
6. 舌葉音　　[tʃ][tʃʻ][dʒ][ʃ][ʒ]
7. 舌面前音　[ȶ][ȶʻ][ȡ][ȵ][tɕ][tɕʻ][dʑ][ɕ][ʑ]
8. 舌面中音　[c][cʻ][ɟ][ç][j]
9. 舌面後音　[k][kʻ][g][ŋ][x][ɣ]
10. 小舌音　　[q][qʻ][ɢ][χ][ʁ]
11. 喉音　　　[h][ɦ]
12. 喉塞音　　[ʔ]

這些輔音除了適用於普通話,還適用於大多數漢語方言和古音。參看下頁國際音標表(表中也包括漢語不用的音標)。

上面簡略地介紹了現代語音學關於輔音分析的一些最基本的知識,下面講解傳統音韻學上關於聲母分析的基本概念。

在傳統的音韻學上,聲母簡稱爲"聲",又叫"紐",或者合起來叫"聲紐"。"紐"就是樞紐的意思,古人認爲聲母在一個字音裏是關鍵,是中心,其實有的字音就沒有聲母。在漢語字音裏,真正必不可少的成分還是韻腹和聲調。不過這個名稱倒也說明了古人爲什麼把聲母叫做"聲紐"的道理,就是取其聲音之樞紐的意思。

表示聲母名稱的還有"字母"。"字母"就是聲母的代表字,如三十六字母。

此外，還有個"聲類"。"聲類"則一般是指反切上字的分類，它與聲母的含義不完全一致。

國 際 音 標 表

發音方法\發音部位			唇音		舌尖音			舌葉音	舌面音			小舌音	喉壁音	喉音
			雙唇	唇齒	齒間	舌尖前	舌尖中	舌尖後		舌面前	舌面中	舌面後(舌根)			
輔音	塞	清	不送氣	p			t	ṭ			ȶ	c	k	q		ʔ
			送氣	pʻ			tʻ	ṭʻ			ȶʻ	cʻ	kʻ	qʻ		ʔʻ
		濁	不送氣	b			d	ḍ			ȡ	ɟ	g	ɢ		
			送氣	bʻ			dʻ	ḍʻ			ȡʻ	ɟʻ	gʻ	ɢʻ		
	塞擦	清	不送氣		pf	tθ	ts	tṣ	tʃ	tɕ					
			送氣		pfʻ	tθʻ	tsʻ	tṣʻ	tʃʻ	tɕʻ					
		濁	不送氣		bv	dð	dz	dẓ	dʒ	dʑ					
			送氣		bvʻ	dðʻ	dzʻ	dẓʻ	dʒʻ	dʑʻ					
	鼻	濁		m	ɱ		n	ɳ			ɲ̟	ɲ	ŋ	N		
	顫	濁					r							R		
	閃	濁					ɾ	ɽ						R		
	邊	濁					l	ɭ			ʎ		L			
	邊擦	清					ɬ									
		濁					ɮ									
	擦	清		ɸ	f	θ	s	ṣ	ʃ	ɕ		x	χ	ħ	h
		濁		β	v	ð	z	ẓ	ʒ	ʑ	j	ɣ	ʁ	ʕ	ɦ
	半元音	濁		w	ʋ	ʋ		l			j(ɥ)		(w)	ʁ		

		圓唇元音	舌尖元音		舌面元音		
			前 後		前 央 後		
元音	高	(ɥ ʮ y ʉ u)	ɿ ʮ	ʅ ʯ	i y	ɨ ʉ	ɯ u
					I Y		ʊ
	半高	(ø o)			e ø	ɵ	ɤ o
					E ə		
	半低	(œ ɔ)			ɛ œ	ɜ	ʌ ɔ
					æ	ɐ	
	低	(ɒ)			a	A	ɑ ɒ

早些時候，並沒有聲紐、字母、聲類等這些概念名稱。聲母的表示只用反切上字，或者叫雙聲，它並沒有一個統一的標目，同一個聲母可以用好些不同

的反切上字來表示,比如[t]這個聲母,拼音方案用 d 表示;漢字可以用"都",可以用"丁",可以用"多",也可以用"端""得""德""冬"等,只要這個字音是以[t]起頭的,都可以用來表示這個聲母。

直到唐代末年,才有人參照印度梵文的體文爲漢語創製了表示聲母的字母。我們知道,古人要學習宣傳翻譯佛經,就需要學習梵文,梵文是拼音文字。梵文的字母叫"悉曇"(siddham),形體很近似藏文。古人創製字母也受到藏文的啓發。據説南北朝時期的文學家謝靈運曾學過"悉曇"。這種"悉曇"字母分爲兩種:一種叫"體文"(vyanjanam),一種叫"摩多"(mata),"摩多"又叫"轉聲"(即元音的意思)。梵文有三十二體文,十四摩多。這兩種字母就是輔音和元音,基本上相當於漢語的聲母和韻母。章太炎先生在《國故論衡》中指出:"體文者,紐也。"體文就是聲紐。比如 ka、k'a、ga、g'a、ŋa(略去梵文字母——引者)。現在我國能看到的一本較早的梵文書叫《悉曇字記》,是唐德宗貞元年間(公元 785—805 年)寫的。唐人就是受到梵文"悉曇"體文的啓發,並參照藏文字母的體系,給漢語創製了字母。二十世紀初在敦煌發現的這類材料有兩份:一是《歸三十字母例》,一是守温論音書的殘卷,即《守温韻學殘卷》中的三十字母,内容基本相同。這三十字母就代表了當時漢語的三十個聲母。《歸三十字母例》藏英國倫敦不列顛博物館,《守温韻學殘卷》藏法國巴黎國家圖書館。二十世紀二十年代,北京大學教授劉復(半農)先生到法國將後者抄録回國,收在《敦煌掇瑣》裏。守温是唐代末年的一個和尚,他的"三十字母"是:

  唇音 不芳並明
  舌音 端透定泥是舌頭音
      知徹澄日是舌上音
  牙音 見溪群來疑等字是也
  齒音 精清從是齒頭音
      審穿禪照是正齒音
  喉音 心邪曉是喉中音,清
      匣喻影亦是喉中音,濁

又《歸三十字母例》的複製本現在也可以見到,它的特點是在每個字母下邊列舉一些例字。而守溫三十字母,則已按五音來編排了,顯然比《歸三十字母例》進了一步①。但他的字母歸類也有不夠科學的地方,比如把舌尖前音的心邪二母和舌根音曉母都歸入喉音,這就不倫不類了。其次它把日母歸入舌上音,而把來母又列在牙音裏,也與後來的歸類不一致,也許有他一定的道理。

到了宋代,不知什麽人又在三十字母的基礎上增補爲三十六個,這就是傳統的所謂三十六字母。

宋人三十六字母

五音 \ 清濁		全清	次清	全濁	次濁	清	濁
牙音		見	溪	群	疑		
舌音	舌頭	端	透	定	泥		
	舌上	知	徹	澄	娘		
唇音	重唇	幫	滂	並	明		
	輕唇	非	敷	奉	微		
齒音	齒頭	精	清	從		心	邪
	正齒	照	穿	牀		審	禪
喉音		影			喻	曉	匣
半舌音					來		
半齒音					日		

這三十六字母和三十字母比較起來,舌音裏多一個娘母,唇音增加了"非敷奉微"四個,齒音(正齒)裏又添了一個牀母,正好比三十字母多出來六個。這種不同,最突出的是唇音一分爲二。唐代的"不芳並明"相當於"幫滂並明",只有重唇音,多出的"非敷奉微",是從重唇音裏分化出來的輕唇音。這三十六字母大體上反映了唐宋之間漢語的聲母系統。

音韻學上把聲母的發音部位分析爲喉、牙、舌、齒、唇五音。"五音"的名稱

---

① 參看周祖謨《唐五代韻書集存》,中華書局,1983年。

由來較早,《玉篇》裏就有所謂"五音聲論"。當然這不一定是梁顧野王的作品,可能是後人所附。除了喉牙舌齒唇五音之外,傳統上還有宮商角徵(zhǐ)羽五音。這種"五音",早在《爾雅·釋樂(yuè)》中就有了。不過它是指古代音樂上的"五音",是聲樂的名稱。後來有人把它和字母五音比附在一起。《玉篇》卷末所附的《五音聲論》還與"五方"附會在一起,並各舉八個例字:

  東方喉聲 何我剛諤謌可康各
  西方舌聲 丁的定泥寧亭聽歷
  南方齒聲 詩失之食止示勝識
  北方唇聲 邦龐剝雹北墨朋邈
  中央牙聲 更硬牙格行幸亨客

  過去有人將這五音的例字,看成是字母的開始。比如清人錢大昕在他的《十駕齋養新錄》中説過:"五音聲論分喉牙舌齒唇五聲,各舉八字爲例,即字母之濫觴也。"(卷五)陳澧在他的《切韻考》中也説過:"五音聲論粗疏,實不足爲法,乃字母之椎輪耳。"(外篇卷三)他們都認爲是字母的起源或萌芽。這有一定的道理。但是它畢竟還不是字母。惟"五音"的概念,却繼承下來了。唐末的三十字母和宋人的三十六字母都是以五音進行分析字母的發音部位的。當然,這"五音"的概念也不是很科學。因爲《五音聲論》的作者本來就沒有辨析清楚,例如它的喉音中有[k][kʻ][ŋ]聲母的例字,牙音裏也有[k][kʻ][ŋ]聲母的例字。再加上把"五方"也附會上去,這就更不科學了。更有甚者,後來還有人將"五色""五行"或"五臟"也附會在上面,就更沒有意義了。這反映出當時人們對五音的概念還很不清楚。但是傳統上的五音,對我們瞭解古聲母的發音部位還具有一定的作用。守温的三十字母已經按"五音"來分析了,而且他進一步把舌音分爲舌頭和舌上,齒音分爲齒頭和正齒。他指出,"端透定泥是舌頭音,知徹澄日是舌上音","精清從是齒頭音,審穿禪照是正齒音"。三十六字母產生以後,唇音又分爲重唇和輕唇兩種,還有所謂半舌音和半齒音,於是又有了"七音""九音"的概念。

  這種分析對我們瞭解古代的聲母系統當然是有幫助的,但是它有些概念不够明確。比如,什麽叫"牙音"?"牙音"和"齒音"有什麽區别?"牙音"與"喉音"又有什麼區別？從現代語音學角度來看，牙音就是舌根音，也就是舌面後音，如現在普通話裏的[k][kʻ][x]一類音。那麼古人爲什麼把它叫做"牙音"呢？大概是因爲古人覺得在發這些音時，由於舌根跟軟腭接觸，舌根緊靠着大牙，以爲與大牙有關係，所以把它叫做"牙音"。"舌音"這一名稱，也是比較含糊的，從現代語音學來看，舌音可以分爲舌尖音、舌面音和舌根音，舌尖音又可以分爲舌尖前、舌尖中、舌尖後，舌面音也可以分爲前、中、後。而古人所謂舌音，實際上是指口內的閉塞音，因爲這一類音發音時舌尖必須翹起來，比較容易察覺，以爲只是舌尖起作用。三十六字母裏的舌頭音實際上是舌尖中音的塞音、鼻音和邊音即端[t]、透[tʻ]、定[d]、泥[n]、來[l]；舌上音實際上就是舌面前音的塞音和鼻音即知[ȶ]、徹[ȶʻ]、澄[ȡ]、娘[ȵ]。傳統的所謂"齒音"（包括"齒頭"和"正齒"），實際上就是舌尖前和舌面前的塞擦音和擦音，即精[ts]、清[tsʻ]、從[dz]、心[s]、邪[z]和照[tɕ]、穿[tɕʻ]、牀[dʑ]、審[ɕ]、禪[ʑ]。發這兩類音時，舌頭也是翹起來的，但是它並不接觸上腭，所以古人以爲舌頭不起作用，因此將這類音叫齒音。至於半舌音就是現在的邊音，如[l]，因爲發這種音的時候，舌頭和上腭的接觸是比較鬆的，而且只是舌頭的中間翹起來，所以古人認爲發邊音時只用了舌頭的一半，故稱之爲半舌音。半齒音比較複雜些，理解也有分歧。半齒音指的是日母字，現在有三種不同的理解：一是認爲就是舌面鼻音[ȵ]；一是認爲舌面加摩擦[ȵʑ]，這是瑞典漢學家高本漢(B. Karlgren)爲它擬的音；第三種意見是王力先生提出來的，他認爲日母的音值是一種閃音[ɽ]（參看《漢語音韻》1980年重印本64、67頁）。王先生這個意見也有人不同意，主要理由是由於我們漢語方言中沒有這種閃音。下面關於三十六字母的讀音，是我們根據各家的意見做出選擇的構擬：

牙音	見[k]	溪[kʻ]	群[g]	疑[ŋ]
舌音	端[t]	透[tʻ]	定[d]	泥[n]
	知[ȶ]	徹[ȶʻ]	澄[ȡ]	娘[ȵ]
唇音	幫[p]	滂[pʻ]	並[b]	明[m]
	非[pf]	敷[pfʻ]	奉[bv]	微[ɱ]
齒音	精[ts]	清[tsʻ]	從[dz]	心[s] 邪[z]

		照[tɕ]	穿[tɕʻ]	牀[dʑ]		審[ɕ]	禪[ʑ]
喉音		影[∅]		喻[j]		曉[x]	匣[ɣ]
半舌				來[l]			
半齒				日[nʑ]			

在發音方法上，音韻學上特別注意對"清"和"濁"的分辨。據《隋書·潘徽傳》記載，三國魏李登所著的《聲類》中就有了"清""濁"的概念；指出它"始判清濁"。在唐代，孫愐的《唐韻》序中也說："切韻者，本乎四聲，……引字調音，各自有清濁。"由此可知，音韻學上辨析清濁乃是由來已久的。但是什麽叫做"清"，什麽叫做"濁"呢？前人的解釋則往往不甚清楚，比較含混。比如明代音韻學家方以智（他也是一位哲學家）在他的《切韻聲原》一書中解釋說："將以用力輕爲清，用力重爲濁乎？"又說："以初發聲爲清，送氣聲爲濁乎？"看來，他自己對這個問題也是沒有把握的。清代音韻學家江永著《音學辨微》，其中"五辨清濁"解釋道："清濁本於陰陽，一說清爲陽，濁爲陰，天清而地濁也；一說清爲陰，而濁爲陽，陰字影母爲清，陽字喻母爲濁也。"江永的解釋也和方以智一樣，是把握不定的。他說清濁本於陰陽，但是什麽叫"陰"，什麽叫"陽"呢？他舉出兩種相反的說法。有的把清叫"陽"，濁叫"陰"；有的把濁叫"陽"，清叫"陰"，並以影母和喻母爲例，以影母爲清，喻母爲濁。實際上到了清代，喻母也與影母一樣，已經變成零聲母了。兩個零聲母，一爲濁，一爲清，這個解釋也很不清楚。從語音學上來看，清與濁涉及以下幾個方面的問題：一是聲帶顫動不顫動。方以智所謂用力的輕重，也許是指的聲帶的作用。發音時聲帶顫動就是重，即濁音；聲帶不顫動就是輕，即清音。二是送氣不送氣。音韻學上所謂"初發聲"是指不送氣，"送氣聲"是指送氣。此外，它還涉及陰和陽，這是指聲調的陰陽。陰調爲清，陽調爲濁。清濁的問題由於涉及以上三個方面，古人往往混爲一談，因而總是講不清楚。

關於清濁，古代還有更細的分類，"清"又分爲"全清"和"次清"，"濁"也分爲"全濁"和"次濁"。這是因爲古代的聲母比較複雜。從現代語音學來看，"全清"指的是不帶音不送氣的塞音、塞擦音和擦音，如[p][t][k][ts][tɕ][tʂ][s][ɕ][x]；"次清"指的是送氣的塞音和塞擦音，如[pʻ][tʻ][kʻ][tsʻ][tɕʻ][tʂʻ]；

"全濁",是指的不送氣的帶音的塞音、塞擦音和擦音,如[b][d][g][dz][dʐ][dʒ][z][ɣ];而"次濁"則是指帶音的鼻音、邊音和半元音,如[m][n̪][ŋ][l][j]。漢語擦音沒有送氣與不送氣的對立,所以只分清濁。

在音韻學上,"全清"可以單説"清","全濁"可以單説"濁",因此,"清濁"兩個概念也有廣義和狹義的區別:廣義的"清"包括"全清"和"次清",狹義的"清"只指"全清";廣義的"濁"包括"全濁"和"次濁",狹義的"濁"則只指"全濁"。關於"次濁",音韻學上又叫"清濁",或叫"半清半濁",或叫"不清不濁"。傳統三十六字母中,全清聲母有幫、非、端、知、精、心、照、審、見、曉、影;次清聲母有滂、敷、透、徹、清、穿、溪;全濁聲母則有並、奉、定、澄、從、邪、牀、禪、群、匣;次濁聲母有明、微、泥、娘、疑、喻、來、日。

對於聲母發音方法的分析,音韻學上還有一些別的名稱和概念。這主要有兩套:一套叫做"發聲、送氣、收聲",另一套叫做"戛、透、轢、捺"。什麼叫做"發聲、送氣、收聲"?方以智的《切韻聲原》叫"初發聲、送氣聲、忍收聲"。清代江永和陳澧又提出"發聲、送氣、收聲"的説法。陳澧的解釋是:"發聲者,不用力而出者也;送氣者,用力出者也;收聲者,其氣收斂者也。"清代洪榜在《四聲韻和表》中又把"收聲"分成外收聲和內收聲,於是就成了四類,即:"發聲、送氣、外收聲、內收聲"。至於"戛、透、轢、捺",是清末音韻學家勞乃宣提出來的,可參看他的《等韻一得》。邵作舟又在勞乃宣的基礎上加了一個"拂"類,於是就成了"戛、透、拂、轢、捺"五類了。什麼叫"戛、透、拂、轢、捺"呢?這與"發聲、送氣、收聲"等一樣,基本上是發音方法的問題,就是從聲母發音的時候送氣不送氣和氣流出來的時候受阻不受阻以及受阻的方式來觀察的。"送氣聲"指送氣,"初發聲"就是不送氣。"戛"類是不送氣的,"透"類是送氣的,具體説,"戛"類是不送氣的塞音和塞擦音,"透"類就是送氣的塞音和塞擦音,"轢"類包括擦音和邊音,"捺"類就是鼻音。"拂"類是從"轢"類中分出來的。如果分五類,"拂"類指擦音,"轢"類指邊音;如果只分四類,"轢"類就包括了邊音和擦音。這些名稱在音韻學上不如"清""濁"那樣用得普遍,只需大致上瞭解一下就可以了。

練習 二

一、拼寫出下列反切的現代讀音,並查出其反切上字屬於三十六字母中的哪個字母。

　　古到切　先稽切　呼改切　莫包切　丘嬰切　哀都切
　　子侯切　蘇雕切　户公切　當孤切　陟魚切　度官切

二、試比較宋人三十六字母與唐守温三十字母的異同。

三、在你的方言中,下列一些字的聲母與普通話的讀音有什麼不同。

　　九　文　鵝　浮　然　竹　王　黄　愛　將　初　同
　　書　耳　連　康　其　章

四、辨析並記熟三十六字母中哪些是全清,哪些是次清,哪些是全濁,哪些是次濁。

第四節　關於韻母的概念

　　本節在講解傳統音韻學關於韻母的概念之前,也要先談談語音學上對於元音的分析。

　　語音學上將人類的語音分爲元音和輔音兩大類。對於採用拼音文字的語言的語音系統的分析,一般也是首先着眼於元音和輔音的分類。而元音和輔音的主要區別,就在於發輔音時氣流經過口腔或鼻腔時,要受到發音器官的不同部位的阻礙;發元音時,氣流從聲門出來後,在口腔的通道上不受發音器官的任何部位的阻礙,但是它要受到口腔的開合、舌頭的升降和嘴唇的圓展三個方面的節制。正是由於口腔的開和合,舌頭的高低前後升降的變動,和嘴唇的圓斂平展等幾方面的不同程度的變化,就造成不同形狀的共鳴器,從而形成了各種元音的特有的音色,而每個元音又都可以從這三個方面進行分析。當然,口腔的開合和舌位的高低升降是相反的。比如發[i]這個元音時,舌尖抵着下齒背,舌頭是翹起的,舌面前部儘量地向前硬腭提升,提高到剛好還不是發生摩擦的程度。如普通話念"衣",這時的口腔是閉的,嘴唇是平展的。又比如發[a]這個元音時,口腔張開,舌位放低,嘴唇平展,雖然不像發[i]時那樣平展,但都不是圓唇的,如普通話念"阿"。又比如發元音[u]時,嘴唇是圓的,口腔是微閉的,舌頭升高,部位對着軟腭,如普通話念"屋";再比如發元音[ɑ]的時候,舌頭也是隆起的,口腔開着,如普通話念"熬"時的主元音。[i][a][u][ɑ]是四個最基本的舌面元音,正好是舌位的最高、最低和最前、最後的四個基點,[i]是前高元音,[a]是前低元音,[u]是後高元音,[ɑ]是後低元音。在[i]和[a]之間,有前半高的[e]和前半低的[ɛ];在[u]和[ɑ]之間,有後半高的[o]和後半低的[ɔ]。這就是八個標準元音。再從嘴唇的圓展來看,前元音[i][e][ɛ][a]是不圓唇的,後元音[u][o][ɔ][ɑ]是圓唇的。但它們都有相應的圓唇和不圓唇音,如前元音的圓唇音有[y][ø][œ],後元音的不圓唇音有[ɯ][ɤ][ʌ]等。介於前、後元音之間則有央元音,如[ə][ɐ][ʌ]。請看下邊的元音舌位圖。

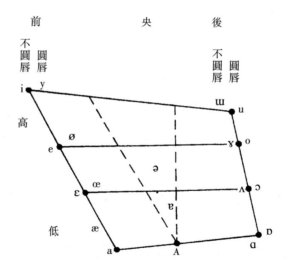

圖中的上下表示舌位的高低,左右表示舌位的前後。元音舌位圖的正中央的音,叫做央元音。圖中的元音符號是國際音標中常用的。

一種語言或一種方言,所用的元音是有限的。我們要瞭解常用的元音符號,就要掌握好八個標準元音。有了這個基礎就可以對其他的元音作比較的分析了。比如從口腔開合的角度,可以把元音分爲:第一,閉元音,如[i][u][y][ɯ]等就是;第二,半閉元音,如[e][o];第三,半開元音,如[ɛ][ɔ];第四,開元音,如[a][ɑ]。

從舌位的前後,又可把元音分爲前元音、央元音(也叫中元音或混元音)、後元音。

如按照嘴唇的圓展程度來爲元音分類,則可以分爲圓唇元音和不圓唇元音兩類。

此外,在有些語言和方言裏,元音還可以分長短,如廣州話的"敗"[paːi]和"稗"[pai]、"貌"[maːu]和"茂"[mau]。

如果再從鼻音化和非鼻音化來分類,元音又可以分爲口元音(如[a])和鼻化元音(如[ã])。

以上都是就舌面元音來分析的。漢語裏還有一種由舌尖起作用的舌尖元音,這種舌尖元音也有圓唇和不圓唇的分別,不圓唇的有[ɿ]和[ʅ],圓唇的有[ɥ]和[ʮ]。在普通話裏[ɚ]是個捲舌元音,但是它發音的時候舌尖翹起來,比發[ə]元音時舌位要向前移,所以它也屬於舌尖的不圓唇元音,還有如果用於兒化,像"花兒""桃兒""小孩兒",就又比[ə]後一點。舌尖也有前、中、後之分:舌尖前元音有[ɿ],舌尖中元音有[ɚ],舌尖後元音有[ʅ]。還有兒[ɚ]也是在這個[ə]的基礎上捲舌的,所以有的學者也將[ɚ]歸爲舌面央元音的(即捲舌的央元音)。

漢語還有個特點:有時一個韻母中不止一個元音,有的是兩個元音的結合(如[ia][au]),有的是三個元音的結合(如[iəu][uai]),有的則是元音和輔音的結合(如[an][iŋ][uaŋ])。現代普通話裏,共有三十七個韻母。參見下面韻母表:

ɿ ʅ	i	u	y
a	ia	ua	
o		uo	
ə	ie		ye
ai	uai		
ei	uei		
au	iau		
əu	iəu		
an	ian	uan	yan
ən	in	un	yn
aŋ	iaŋ	uaŋ	
əŋ	iŋ	uŋ	yŋ
ɚ			

在具有入聲韻的語言或方言裏,還可以有元音和塞音的結合(如[ap][it][uk])。

以上講的是語音學上對元音的分析,下面再介紹傳統音韻學上分析韻母的基本概念。

關於韻母,首先有幾個基本概念需要弄清楚。在分析普通話的時候,一般有個"韻母"的概念就够了,可是在音韻學上,除了"韻母",還有"韻""韻類""韻部""韻目"等名稱術語。這些名稱術語有什麼區別呢?下面先看一首唐詩:

《清明》二首之一　　杜甫

朝來新火起新煙,湖色春光淨客船。
繡羽銜花他自得,紅顏騎竹我無緣。
胡童結束還難有,楚女腰肢亦可憐。
不見定王城舊處,長懷賈傅井依然。
虛霑周舉爲寒食,實藉嚴君賣卜錢。
鐘鼎山林各天性,濁醪粗飯任吾年。

這首七言排律是杜甫從岳州(今湖南岳陽)到潭州(今湖南長沙)時寫的,他看到一些新的景物,於是就觸景生情,寫了這首詩。

從韻律來看,這首詩是首句入韻的,即第一、二、四、六、八、十、十二句的最末一字都是韻腳。韻字是:煙、船、緣、憐、然、錢、年。這些字現代普通話的讀音是:[ian][tṣ'uan][yan][lian][ʐan][tɕ'ian][nian],實際上有四個韻母,即:[an][ian][uan][yan]。這四個韻母有共同的成分,這就是韻腹(主要元音)和韻尾相同[an]。本來詩歌的押韻,一般就只要求韻腹和韻尾(如果有韻尾的話)相同,不管韻頭的有無和同否。凡韻腹和韻尾相同的字,韻書裏就歸在一個韻中,如這首杜詩的"煙、船"等七字,在《平水韻》裏都屬於平聲先韻。這表明了韻和韻母是不同的。也就是說,韻只要求韻腹、韻尾相同,而韻母還要區別韻頭,因此韻的概念比韻母的概念要大。同一韻的"煙、船"等七個字,用現代普通話讀起來就能分成四個韻母。但是韻和韻母的區別除了不計韻頭介音之外,還有一點不同,那就是,韻還要區別聲調,而韻母則不需要區別聲調。在唐詩裏一般情況,平聲字只與平聲字押韻,上聲字只與上聲字押韻,去聲字只

與去聲字押韻,入聲字只與入聲字押韻①。例如杜甫的一首五言古詩《積草嶺》:

> 連峰積長陰,白日遞隱見。
> 颼颼林響交,慘慘石狀變。
> 山分積草嶺,路異明水縣。
> 旅泊吾道窮,衰年歲時倦。
> 卜居尚百里,休駕投諸彥。
> 邑有佳主人,情如已會面。
> 來書語絕妙,遠客驚深眷。
> 食蕨不願餘,茅茨眼中見。

這首詩的韻脚是:見([ɕian],同"現")、變、縣、倦、彥、面、眷、見([tɕian])。這八個字都是去聲,在《平水韻》裏都屬去聲霰韻。就現代讀音的韻母來説,只有[ian]和[yan]兩個。"見(現)、變、縣、倦、彥、面、見"等字的韻母和上一首詩的"煙、憐、錢、年"等的韻母是相同的,但它們屬於不同的韻:"煙、憐"等字屬於平聲先韻,"見、變"等字屬於去聲霰韻。這表明"韻"雖然不管韻頭,但是要區別聲調,聲調不同就要分成不同的"韻"。

那麽,"韻類"又是指什麽呢?在音韻學上,韻類本來是指韻書中反切下字的分類(聲類則是反切上字的分類)。在韻書中,每個韻下都用了許多反切下字,這些反切下字表示每一個韻裏的不同韻母。如《廣韻》的東韻,反切下字就分成兩類。這就是説,韻類不僅區別韻頭,而且要區別聲調,可見韻類是關於韻的最小的一個概念了。

和韻類相反,如果不區別聲調也不區別介音,只是韻腹(主要元音)和韻尾相同,這就是韻部。韻部是比韻母和韻更大的概念。比如王力先生主編的《古代漢語》,講《詩經》用韻就分古韻爲二十九個韻部。每一個韻部中都包括那些韻腹(主要元音)和韻尾相同的字。《廣韻》分二〇六韻。而在上古,僅有二十九或三十個韻部。

---

① 在詩歌裏,上聲字和去聲字有時也可以通押,但在韻書裏,它們分屬於不同的韻。

關於韻、韻類、韻部這三個術語名稱，過去常有混用，如將《廣韻》二〇六韻叫二〇六部或把古韻二十九部稱做二十九韻或二十九類。我們認爲有必要加以區別，並予以明確的界定，以利於學習。

此外，還有個"韻攝"，這是中古以後等韻學上的一個概念。宋元的"等韻圖"把《廣韻》二〇六韻歸併爲十六攝，即只要韻尾相同、韻腹（主要元音）相近就歸爲一"攝"，比如"效"攝，包括平聲豪、肴、宵、蕭，上聲皓、巧、小、篠，去聲号、效、笑、嘯十二個韻和四個韻母[ɑu][au][ĭɛu][ieu]，它們的共同特點都是收[-u]尾的。所以"韻攝"在關於"韻"的概念中，是個最大的概念了。

最後說到"韻目"。"韻目"是什麼呢？"韻目"就是韻書裏的韻的標目，也就是韻的代表字。比如《平水韻》裏的平聲先韻，它包括現代讀[an][uan][ian][yan]等韻母的許多字，如"先、天、千、煙、年、賢、玄、淵"等。這些同韻字中的任何一個都可以拿來作爲這個韻的代表字，而傳統韻書上習慣用了"先"字，並將這些同韻字稱做"先韻"，"先"就是一個"韻目"。《廣韻》二〇六韻，就用了二〇六個代表字作韻目，這二〇六韻的代表字就叫"韻目"。所以"韻目"實際上和韻是一致的。

由於《切韻》《廣韻》在音韻學史上影響比較大，所以傳統上大多是採用《廣韻》系韻書的標目，即使語音發生了變化或者是有些韻已合併了，也還多是採用《廣韻》的標目。《平水韻》一〇六韻，就是在《廣韻》的二〇六韻的基礎上歸併而成的。它們的韻目彼此之間都有一定的對應關係。

關於韻類、韻部、韻攝的區別，這裏只做了些簡單的解釋，下面討論《廣韻》韻類的時候，我們還要進一步做具體的分析。

韻母的內部成分可以分析爲韻頭、韻腹和韻尾三部分。音韻學上也有一套分析韻頭、韻腹和韻尾的基本概念。先介紹有關韻頭和韻尾的概念。

古代音韻學家根據韻頭的不同，把韻母分爲"開口"和"合口"兩大類（古代只分開、合）。其區別是：凡韻頭是[u]或者是以[u]爲主要元音的，就叫做合口呼；反之，凡韻頭不是[u]或者不以[u]爲主要元音的，就叫做開口呼。據古代等韻學家的研究，古代漢語中的韻母只有[i]和[u]兩種韻頭，而沒有[y]韻頭。但是在古音裏[i]和[u]可以同時做韻頭。比如說[an]這個韻，開口是[an]，前邊加介音[i]成爲[ian]，還算開口；合口[uan]前邊加介音[i]成爲[iuan]，還算合口。也就是説，韻母中只要有[u]的都是合口呼，而没有[u]的都是開口呼。古代開口合口的不同，實際上就是圓唇和不圓唇的區別。如念[an][ian]時嘴唇是不圓的，而念[uan][iuan]時嘴唇是圓的。古代的所謂兩呼，就是指韻母是不是圓唇來説的。江永在他的《音學辨微》裏曾説："音呼有開口合口，合口者吻聚，開口者吻不聚也。"（《七辨開口合口》）這個解釋很簡明。由於語音演變，以[iu]起頭的合口韻，就演變爲撮口[y]韻，於是韻頭就有了[i][u][y]三類，再加上韻母裏不以[i][u][y]作韻頭或韻腹的，就分別成了現代的開口、齊齒、合口和撮口四呼了。

"四呼"的名稱遠在明代梅膺祚的《字彙》中就有了。《字彙》的後面附有《韻法横直圖》，該圖辨析字音分十呼，即開口呼、齊齒呼、合口呼、撮口呼、閉口呼、齊齒捲舌呼、齊捲而閉呼、舌向上呼、咬齒呼、混呼。這種分法，實際上不止一個標準，有辨析韻頭的，也有指韻尾的，如閉口呼，甚至於還有分析聲母的，如"捲舌""舌向上"等。可見當時"四呼"的名稱雖然有了，但是"四呼"的概念也還不是很清楚的。直到清代潘耒著《類音》，才專從發音時嘴唇的形狀的角度來分析開、齊、合、撮四呼，爲四呼做了科學的解釋。他説："凡音皆自内而外。初發於喉，平舌舒唇，謂之開口；舉舌對齒，聲在舌齶之間，謂之齊齒；斂唇而蓄之，聲滿頤輔之間，謂之合口；蹙唇而成聲，謂之撮口。"（卷二）在三百多年前的十七世紀，潘耒能做出這種解釋，確乎是難能可貴的。但他又説："四呼非他，一音之變也。"還説："開和合相應，齊和撮相應，有則具有，無則具無，一几四隅，一馬四蹄，不可增減者也。"這就有點形而上學了。因爲在現代方言中，並不是每一種方言都具備"四呼"的。如雲南昆明方言、廣東梅州客家方言、福建廈門方言，就没有撮口呼。例如"魚"字，昆明念[i]，梅州念[ŋi]，廈門則念[hu]或[hi]。又如"去"字，昆明念[tɕ'i]，梅州念[hi]，廈門念[k'i]或[k'u]。這説明四呼在各方言裏並不是那麽整齊的，並不是每個方言的韻母和普通話一致。相反，有的時候往往是交叉的。就是説，有的方言可能把普通話的合口呼念成開口呼，有的方言可能把普通話的合口呼念成了撮口呼，而有的方言則可能把普通話的撮口呼念成齊齒呼等等。就拿"隊""團"兩個字來説吧，普通話都念合口呼，而武漢分別念[tei][t'an]。就是說，普通話念合口呼的，武漢人念成開口呼了。這在別的方言裏也有類似的情況。又比如"專"字，廣州念[tʃyn]，浙江溫州念[tɕy]，這是把普通話的合口呼念成了撮口呼。這些事實也說明，古代只有開合兩呼，是可以理解的。

音韻學上關於韻尾的分析比對韻頭的分析更複雜一些，這是因爲古音的韻尾就比較複雜。我們知道，現代普通話的韻尾可以分爲三類：第一類是沒有韻尾的，如[ɿ][ʅ][i][u][y][a][ia][ua][o][uo][io][ə][iɛ][yɛ]等韻母，叫做開韻尾；第二類是以元音[-i][-u]爲韻尾的，如：[ei][uei][ai][uai][au][iau][əu][iəu]等韻母，叫做元音韻尾；第三類是以鼻音[-n][-ŋ]爲韻尾的，如：[an][uan][ian][yan][ən][un][in][yn][aŋ][iaŋ][uaŋ][əŋ][iŋ][uŋ][yŋ]等韻母，叫做鼻音韻尾。這三類韻尾古音裏也都有。如《廣韻》裏的支韻、麻韻、歌韻等就是屬於開韻尾的；豪韻、咍韻、灰韻等就是屬於元音韻尾的；寒韻、真韻、唐韻、侵韻等則是屬於鼻音韻尾的；此外，古音裏還有一類韻尾：如《廣韻》的屋[uk]、質[iĕt]、緝[iəp]這三韻，分別以[-k][-t][-p]爲韻尾的，叫做塞音韻尾，這是普通話裏所沒有的。

音韻學上按照韻尾的不同，則將古韻分爲三大類：（一）無韻尾的韻和以元音收尾的韻合爲一類，叫做"陰聲韻"；（二）以鼻音收尾的韻叫做"陽聲韻"，古音的鼻音韻尾除了收[-n][-ŋ]的以外，還有收[-m]尾的，如《廣韻》的侵韻、談韻；（三）以塞音[-p][-t][-k]收尾的韻叫做"入聲韻"。請注意：這裏的所謂"陰聲韻"和"陽聲韻"的區別，完全是從韻尾着眼的，跟聲調的分陰陽（如"陰平""陽平"）毫無關係。

這三大類韻尾，在現代方言裏保存得比較完整的是廣州話爲代表的粵方言。其他方言則往往不完全具備，一般地說，陰聲韻各個方言都有，但有些方言更爲豐富，特別是元音韻尾，如廣州方言除了[-i]和[-u]作韻尾的以外，還有用[-y]作韻尾的，如"去"念[hœy]。福州方言也具有[-y]韻尾（如"鋸"念[køy]），但是在古代的韻書中還沒有發現這種收[-y]韻尾的韻。

鼻音韻尾廣州話裏有三個，如寒[hɔn]收[-n]，唐[t'ɔŋ]收[-ŋ]，談[t'aːm]收[-m]，這與古韻是一致的。可是在普通話和北方大部分方言裏，僅有[-n]和

[-ŋ]兩種韻尾,有的甚至於只有[-n]或[-ŋ]一種韻尾了。現以"因""音""英"三字的主要方言的發音情況爲例,請看下表:

例 字	《廣韻》	廣 州	北 京	漢 口	太 原	揚 州
因	真 韻	jɐn	in	in	iŋ	ĩ
音	侵 韻	jɐm	in	in	iŋ	ĩ
英	庚 韻	jɪŋ	iŋ	in	iŋ	ĩ

　　古代這三個字的鼻音韻尾,廣州方言保存得最爲完整。北京只有[-n]和[-ŋ],原來的[-m]尾轉化爲[-n]尾,漢口都變爲[-n]尾,太原都變爲[-ŋ]尾。揚州完全失去韻尾,只是個鼻化韻,演變爲開韻尾了。

　　古入聲韻[-p][-t][-k]三種韻尾,在現代普通話和許多北方方言都已經消失了,也只有粤方言保存得比較完整。其次是客家方言(如梅州)和福建廈門方言也基本上保存這三種塞音韻尾,但是沒有廣州話那樣完整。如"息"字,《廣韻》屬職韻,收[-k]尾,今廣州話念[sɪk],而梅州方言讀[sit],廈門方言口語也念[sit](只有讀書音念[sɪk]),這就是説,[-k]尾變爲[-t]尾;有的方言則連三種塞音韻尾也不全。比如南昌方言有收[-t]尾與收[-k]尾的,但是沒有收[-p]尾的;潮州方言有收[-k]尾的,但是沒有收[-t]尾和收[-p]尾的,這些方言中入聲字的韻尾一般變爲收喉塞音[-ʔ]的或合流收[-t]尾或收[-k]尾的了。而以上海、蘇州爲代表的吴方言,[-p][-k][-t]韻尾都沒有了,它的入聲韻尾都演變成收喉塞音[-ʔ]的了。北方方言中保存了入聲韻的情況也類似吴方言,如山西大部分方言和陝北方言等(即李榮先生稱做"晋語"的地區[①]),就是如此。

　　另外,長沙方言也有入聲,但是它比較特殊,既不收[-p][-t][-k],也不收喉塞音[-ʔ],它的韻母與陰聲韻同,只是聲調自成一類。下面以"一""六""十"三字的讀音爲例觀察各方言保存入聲韻的情況。

---

① 見《官話方言的分區》,《方言》1985年第1期。

例字	《廣韻》	廣州	梅州	廈門	南昌	蘇州	長沙	北京
一	質韻	jɐt₂	jit₂	it₂(或 tsit₂)	it₂	iɤʔ₂	i₂	₂i
六	屋韻	lok₂	liuk₂	lak₂(或 liɔk₂)	liuk₂	loʔ₂	nou₂	liu°
十	緝韻	ʃɐp₂	səp₂	sip₂(或 tsap₂)	sət₂	zɤʔ₂	sʅ₂	₂ʅ

此表基本上反映了現代方言保存入聲韻尾與否的類型。此外還有一種情況值得注意：就是湖北、江西個别方言裏，某些原來收[-t]韻尾的字，演變爲收[-l]尾了。如湖北通城方言"殺"字念成[sal]。朝鮮語中的漢語借詞也是將收[-t]的變讀成收[-l]的。

我們知道，在漢語裏，陰聲韻、陽聲韻和入聲韻三種韻尾，都不是各自孤立地存在的，而往往彼此相配，而且配得比較整齊。比如廣州方言陰聲韻有[aː]（家）、[aːi]（街）、[aːu]（交），陽聲韻則有[aːm]（甘）、[aːn]（間）、[aːŋ]（耕），入聲韻則有[aːp]（甲）、[aːt]（八）、[aːk]（格）。這在漢語各個方言裏大都如此，只是相配的具體韻尾不完全一樣。普通話没有入聲韻，它的陰聲韻和陽聲韻也是相配整齊的，例如陰聲韻有[ai]（該）、[au]（高），陽聲韻則有[an]（干）、[aŋ]（剛）與之相配。古代漢語也是這樣。如《廣韻》的陰聲韻豪、晧、号，陽聲韻唐、蕩、宕，和入聲韻鐸相配，這反映了漢語語音有很强的系統性。在語音、語法、詞彙這三者中，可以説語音是最富於系統性的了。

語音的變化也是很有規律的。在漢語語音的歷史演變過程中，漢語的陰、陽、入三種韻尾可以互相轉化，這是漢語語音演變的一種很普遍的現象，這也顯示出漢語語音系統的特點。現代普通話裏没有入聲韻，原來的入聲韻字現代都念陰聲韻了，這就是説入聲韻都已轉化爲陰聲韻。又比如"山"字本來是個收[-n]的陽聲韻，可是現代蘇州、上海等吳方言，則念成[sɛ]之類的音，鼻音韻尾[-n]丢失了，這就是陽聲韻轉化爲陰聲韻了。再如"展"字，温州念[tɕi]，也是陽聲韻轉化爲陰聲韻了。相反的情況在漢語方言中雖然很少，但不是没有，如"母"字本是陰聲韻字，今漢口方言念做[°moŋ]，變爲陽聲韻。又如"米"本是個陰聲韻字，可是在湖南洞口方言中則念[°meŋ]，與"敏"字同音。這種現象從歷史上看就更清楚了。比如"沂"字，今讀[₂i]是個陰聲韻，但是它從"斤"得聲,"斤"[ˌtɕin]則是個陽聲韻字。這就是説這個"沂"字由陽聲韻轉化成陰聲韻了;又如"態"字,從"能"得聲,"能"是陽聲韻,而今"態"字的讀音就變成陰聲韻了。"能"字在古代又讀[nai];今"能"念[nəŋ],又是由陰聲韻變爲陽聲韻了。

同樣,在漢語語音的歷史演變過程中,入聲韻也可以轉變成陽聲韻,陽聲韻也有變爲入聲韻的,不過這種現象少一些。入聲韻轉變爲陽聲韻,在山西太原方言裏也有例子,如"木"字,本爲收[-k]的入聲字,但太原念成[məŋ],變成陽聲韻了。又如"熨斗"的"熨"字,温州、太原就念成[yʔ],這是陽聲韻變爲入聲韻了。古代漢語也有這種例子,如"帖"從"占"得聲,"占"是陽聲韻字,而"帖"是入聲韻字。這種陰、陽、入三類韻尾互相轉化的現象,在音韻學上就叫做"陰陽對轉"。之所以不叫"陰陽入對轉",是因爲古人把入聲韻亦歸入陰聲韻中。

當然,這種變化是有條件的,不是隨便或任意就可以互相對轉的,其條件就是主要元音相同。這就是説,從陽聲韻轉爲陰聲韻或者是從陰聲韻轉爲陽聲韻,只是韻尾發生了變化,主要元音一般是必須相同的。比方説[tan]→[ta],這是陽聲韻變成陰聲韻;[pat]→[pa]這是入聲韻變成陰聲韻;[nan]→[nat],這是陽聲韻變成入聲韻,統稱爲"陰陽對轉",都只是韻尾發生了變化。在這種陰陽對轉的變化中還有一種情況是應該注意的:比如上海人讀"山"[san]爲[sɛ]。爲什麽韻母會由[-an]變成[-ɛ]呢?這種變化不是直接發生的,它可能經過兩種演變的道路:一種是[san]→[sa]→[sɛ]。另一種是[san]→[sɛn]→[sɛ]。前一種道路是主要元音不變,由陽聲韻對轉爲陰聲韻,然後主要元音發生旁轉。"旁轉"就是舌位往一旁轉,指主要元音的發音部位發生了變化。如由[a]變[ɛ]是由較後較低旁轉到較前較高。後一種道路則是首先主元音發生旁轉,然後韻尾陰陽對轉。這種陰陽對轉,對於研究漢語語音的變化,説明漢語語音演變的規律,是很有意義的,特別是對研究上古音韻,作用更大一些。陰陽對轉的現象,本是一種客觀存在的事實,但是古音學家認識這種客觀現象是比較晚的,直到十八世紀的清代古音學家江永和他的學生戴震,才察覺到古音中這種對轉的變化。至於把它叫做"陰陽對轉",並提到音韻理論上來認識的，那是戴震的學生孔廣森。

關於分析韻尾方面的概念，除上述情況外，在近代講"曲韻"的著作裏，也很重視對韻尾的分析。比如明代詞曲家沈寵綏，寫了一本《度曲須知》。他把當時漢語的戲曲用韻分成五類：(1)是收"鼻音"，如江陽韻、東鍾韻；(2)是收"抵腭"，如寒山韻、真文韻；(3)是收"噫音"，如皆來韻、齊微韻；(4)是收"嗚音"，如蕭豪韻、尤侯韻；(5)是收"閉口音"，如尋侵韻、監咸韻。所謂"鼻音"是專指收[-ŋ]尾的，"抵腭"指收[-n]尾，"噫音"指收[-i]尾，"嗚音"指收[-u]尾，"閉口音"指收[-m]尾。沈寵綏的這種分析頗悉音理。到了清代，戈載著《詞林正韻》，又進一步把韻尾分爲六類：穿鼻、展輔、斂唇、抵腭、直喉、閉口。我們從他舉的例子可以了解，所謂"展輔"是指陰聲韻中以[-i]收尾的；"斂唇"是指陰聲韻中以[-u]收尾的；"直喉"是指陰聲韻中無韻尾的開口韻，如[a]一類的單韻母；"穿鼻"就是指陽聲韻中以[-ŋ]收尾的；"抵腭"是指陽聲韻中以[-n]收尾的；"閉口"是指陽聲韻中以[-m]收尾的。這實際上就是把陽聲韻按[-ŋ][-n][-m]三種韻尾又細分爲"穿鼻""抵腭"和"閉口"三類；把陰聲韻按[-i]韻尾、[-u]韻尾和無韻尾三種又細分爲展輔、斂唇、直喉三類。這叫曲韻六部。這一分類相當科學，在當時是很不容易的。至於入聲韻，詞曲家則不太重視，原因是當時北曲用韻裏入聲字已經派入平、上、去三聲，不單獨押韻了。後來有人根據《廣韻》的入聲韻和陽聲韻相配的情況，把三種入聲韻尾[-p][-t][-k]分別併入曲韻的閉口、抵腭和穿鼻三類。這就是與收[-m]的陽聲韻相當的收[-p]的入聲韻，也叫"閉口"；與收[-n]的陽聲韻相當的收[-t]的入聲韻，也叫"抵腭"；與收[-ŋ]的陽聲韻相當的收[-k]的入聲韻，也叫"穿鼻"。可是[-k]並不是個鼻音，唐鉞先生在20世紀20年代就爲收[-k]尾的韻另起一個名稱，叫做"礙喉"(見《國故新探》)。這曲韻六部的名稱在音韻學中雖然用得比較少，但對我們瞭解古韻，分析字音的韻尾，還是有啓發的，所以我們也應當了解。

第五節　關於聲調的概念

我們知道，語言裏的不同的音節除了音素上的區別外，還有高低的不同和強弱的區別。語言的聲調主要表現在音高上,而重音則表現在音的強弱上,因此,在分析語音的時候,有些語言要特別注意重音的地位,如英語、俄語、法語、日語等,往往音節音素相同而重音的位置不同,詞義則不一樣。而另外一些語言,則要注重它的音高。如漢藏語系的諸語言,都是有聲調的語言,據調查,只有藏語中個別的方言(如安多方言)沒有聲調,所以用聲調來區別詞義,以音高作爲字音的要素之一,這是漢藏語系的重要特征之一。此外,我們要注意漢語的聲調還有一個特性:就是它的音高不是單一的,不是跳躍的,往往是複合的、滑動的。比如普通話的去聲,它的調值標爲 51,我們念這個 51 調的時候並不是先單念個高的 5,然後再念個低的 1,而是從高的 5 開始,中間經過 4、3、2,然後才滑到 1 的。所以,漢語的聲調可以用音樂上的五綫譜來標記,這是實驗語音學已證明了的。

還有,漢語的聲調雖然主要是由音高來決定的,但是音長也往往起一定的作用。漢語某些方言(如廣州話),它的聲調區別中,音長的因素甚至起了重要作用,其陰聲韻和入聲韻的聲調區別往往就是元音長短的不同,如廣州話"巴"[pa]和"筆"[pat],它們的音高是相同的。又如廣州話的上陰入跟下陰入兩個聲調的區別,音高方面的因素當然也有:上陰入的音高是 5 度,下陰入是 3 度,但是我們還注意到,下陰入往往是個長元音,上陰入則往往是個短元音。可見,造成它們的區別的還有音長這個要素。至於漢藏語系中其他語族的一些語言,以元音的長短區別詞義的就更多了。當然,就漢語來説,音高的因素一直起着基本的作用。不僅現代漢語,古代漢語也基本上是這樣,所以我們要重視漢語聲調的這個特點。

以上講的是漢語聲調的性質問題,下面再談古今聲調的異同。

現在普通話的聲調有陰、陽、上、去四聲,古代也有四聲,即平、上、去、入。同是四聲,內容却不一樣。

"四聲"的名稱起於南北朝齊梁時代(公元五世紀末至六世紀初)。在此之前,漢族人自己並沒有察覺到漢語中有四聲的區別,這正如現代有些方言區的人並不瞭解自己的方言裏有多少個聲調、有多少個聲母和韻母一樣,不足爲奇。據《南史・陸厥傳》説:齊永明年間,"時盛爲文章,吴興沈約,陳郡謝朓,琅琅王融,以氣類相推轂,汝南周顒善識聲韻。約等爲文皆用宮商,將平上去入四聲,以此制韻"。永明是齊武帝的年號(公元 483—493 年)。這是平上去入四聲名稱見於文獻記載的較早的材料。此外,《梁書·沈約傳》中也提到沈約曾編了一部《四聲譜》,周顒編過一部《四聲切韻》(都已失傳)。由於史書中有這些記載,因此過去有些講詩律或音韻的書,都說"四聲"是沈約、周顒等人創造的。這是不對的。因爲聲調是漢語的本質特點,是歷史的産物,同時它也是一種客觀事實,是每一個說漢語的人說話時都具有的,因此不能說漢語聲調的特點是某一個人或某些人主觀創造出來的。但是如果把"創造"這個詞改爲"發現",那可能符合事實,這就是說,沈約等人寫文章作詩很重視聲韻,講求格律,他們必須懂得四聲。因此他們首先察覺到漢語裏的聲調存在,而且能把四類聲調的屬字基本上區別開來,並定名爲平、上、去、入四聲,然後寫成《四聲譜》一類的韻書。這是完全可能的,雖然沈約的《四聲譜》已經失傳,我們已不瞭解它的真實面貌。

四聲本是客觀事實,但當沈約等人剛提出來的時候,只爲少數人所掌握。所以《梁書·沈約傳》說:"又撰《四聲譜》,以爲在昔詞人,累千載而不寤,而獨得胸衿,窮其妙旨,自謂入神之作。高祖雅不好焉。帝問周捨曰:'何謂四聲?'捨曰:'天子聖哲是也。'然帝竟不遵用。"這說明在漢語的四聲剛被發現的時候,一般人對它還不瞭解。齊梁以後由於文學創作上的要求和沈約、周顒等人的影響,懂得音韻的人越來越多,按照四聲編寫的韻書亦如雨後春笋,正如顏之推所說的出現了"音韻蜂出"的盛況(《顏氏家訓·音辭篇》),"四聲"也逐漸爲更多的人所瞭解、所掌握了。

古代的平、上、去、入四聲,跟普通話的陰、陽、上、去四聲不同。對於古代的四聲,我們現在也只知道它分平、上、去、入四種類別,至於每一類的具體的音高,現在還不清楚。也就是說,我們只知其調類,而不知其調值。調值是指各種有聲調的語言實際讀音的高低升降的形式。調類則是指某一種語言或某一種方言裏的字調歸類的情況,即按照實際讀音分類歸納的結果。比如普通話用它的聲調讀音,將常用的漢字逐個地分類,可以歸納出:高平55調、高升35調、低降後升214調、高降51調四種調型。這55、35、214、51四種音高就是它的實際調值。常用的漢字用普通話來讀,都不會超出這四類聲調("輕聲"除外)。這四個聲調根據古今聲調的歷史比較關係,分別稱作陰平、陽平、上聲、去聲,現在也分別叫做第一聲、第二聲、第三聲、第四聲。

調類相同,調值不一定相同。例如説同是有陰、陽、上、去四個聲調,天津話的調值和北京話就不一樣,其情況如下:

	陰平	陽平	上聲	去聲
例字	媽	麻	馬	罵
北京	ma 55	ma 35	ma 214	ma 51
天津	ma 11	ma 55	ma 24	ma 42

由此我們可以清楚地看到,同是陰平調,一個調值是高平55,一個是低平11;同是陽平調,一個調值是高升35,一個是高平55;同是上聲,一個調值是先降後升214,一個是中升24;同是去聲調,一個調值是高降51,一個是半高降42。不僅北京和天津,就是在現代其他具有陰平、陽平、上聲、去聲這四個調類的方言裏,讀這四個字的時候,調值也大都各不一樣。我們懂得了這個道理,就知道什麽"某方言把北京話的陽平念成陰平",或者什麽"北京的上聲就是某方言的陽平"的説法,都是錯誤的,因爲這是把調值和調類混爲一談了。他們不明白,調類雖同,但調值往往是不同的。相反,調值有區別也並不等於調類有區別,因爲調類的歸納,跟古漢語的四聲有密切的關係,某字讀某調類,在漢語中是基本固定的。各個方言調類有多有少,少的只有三類(如寧夏銀川),多的達十類(如廣西博白),但是它們跟古代漢語的四聲都有對應的關係。古代四聲的字,在具體的方言裏實際上讀多少類,這個方言裏就分多少調類。調類的名稱也是按照它跟古漢語四聲分類的對應關係確定下來的。舉例來説:

古調類 方言點 古聲母 例字	平		上		去		入			調類總數
	清 詩	濁 時	清 使	濁 爾	清 試	濁 事	清 失 識 尺 室	濁 日	濁 實	
北京	陰平	陽平	上聲		去聲		陰平	陽平	上聲 去聲	4
銀川	平聲		上聲		去聲					3
濟南	陰平	陽平	上聲		去聲		陰平	去聲	陽平	4
漢口	陰平	陽平	上聲		去聲		陽平			4
大同	陰平	陽平	上聲		去聲		入聲			5
長沙	陰平	陽平	上聲	陽去	陰去	陽去	入聲			6
梅州	陰平	陽平	上聲		去聲		陰入	陽入		6
蘇州	陰平	陽平	上聲	陽去	陰去	陽去	陰入	陽入		7
廈門	陰平	陽平	上聲	陽去	陰去	陽去	陰入	陽入		7
溫州	陰平	陽平	陰上	陽上	陰去	陽去	陰入	陽入		8
廣州	陰平	陽平	陰上	陽上	陰去	陽去	上陰入 下陰入	陽入		9
博白	陰平	陽平	陰上	陽上	陰去	陽去	上陰入 下陰入	上陽入 下陽入		10

對上表，需要做幾點說明：

1. 十三個例字分屬古代的平上去入四聲，"詩、時"——古平聲；"使、爾、是"——古上聲；"試、事"——古去聲；"失、識、尺、室、日、實"——古入聲。其中平、去均兩例，清濁各一；上聲三例，清一濁二，"爾"是次濁，"是"是全濁；入聲六例，清四，"失、識、尺、室"，濁二，"日"是次濁，"實"是全濁。

2. 古四聲在北京話和各方言裏的保存情況及對應關係是不一致的。古平聲在北京話和各地方言裏幾乎都因聲母清濁不同而分爲陰平和陽平兩類，僅有銀川方言的古平聲濁聲母字讀同上聲。

3. 古上聲在北京話和其他方言裏,清聲母字和次濁聲母字仍讀上聲,全濁聲母字變爲去聲;南方的一些方言,次濁上聲有讀陽上的,也有變讀陽去的。

4. 古去聲北京話和北方方言都讀去聲,南方方言一般因聲母清濁分爲陰去和陽去。

5. 古入聲在各地方言裏,無論保存或演變,大都很有規律。如銀川都變爲去聲,漢口都變爲陽平,濟南因聲母的清、次濁和全濁的不同,分別變讀爲陰平、去聲和陽平。保存入聲的,或自成一類,或因聲母清濁的不同,分爲陰入和陽入。廣州話和博白話的入聲進一步演變爲三類或四類。而北京話古入聲字的演變規律性則不強,特別是清聲母入聲字,今讀陰平、陽平、上聲、去聲的都有,幾乎無規律可循。

至於古代四聲的調值,老實說,到現在還沒有弄明白。過去也有人做過解釋,留下一些資料,但都比較模糊。比如明代有個叫真空的和尚,曾作《玉鑰匙歌訣》,描寫過平、上、去、入四聲的調值:"平聲平道莫低昂,上聲高呼猛烈強,去聲分明哀遠道,入聲短促急收藏。"他說平聲要念得很平,既不要低也不要高昂。這還好懂。說入聲要念得短急,不要拖長,一發出就趕緊收住,這也還好理解。但關於上聲和去聲的描寫就不好懂了。什麼叫"高呼猛烈強"? 怎樣是"分明哀遠道"? 令人難以捉摸。試想,古代既沒有語音實驗儀器,又沒有音標符號,人們當然無法把音值記錄下來。所以後來的人對真空的描繪都感到不滿意。明末袁子讓在他的《字學元元》中就批評說:"平固平也,上亦未嘗猛也,去亦未嘗哀也,入亦未嘗短也。"袁子讓,湖南郴州人,可能在他當時的方言裏入聲已經不念短促了。袁子讓認爲真空的解釋不可靠。他批評了真空之後,解釋說:"大概平聲鏗鏘,上聲蒼老,去聲脆嫩,入聲直樸。"這就更玄了。袁子讓怕別人不懂,又進一步引用另一學人的比喻說:"說者謂平聲似鐘,上聲似鼓,去聲似磬,入聲似柷(zhù),其理近是。"用不同的打擊樂器的聲音來比喻四聲的調值,更令人莫名其妙。

直到五四運動以後,劉復先生從法國,趙元任先生從德國,學了現代語音學回國,分別寫了《四聲實驗錄》和《中國語言字調的實驗研究法》,才對漢語聲

調的調值做了科學的描寫。接着羅常培先生也做了一些實驗。他們還研究確定且採用"五度標調法",這就是:

如北京的陰平是個高平調55,去聲是個高降調51。但是這個標調法只適用於普通話和現代方言,對於古代的聲調仍然用不上,因爲無法對古人的調值做出實驗。關於古代的調類,傳統上有個標法,即以手指調平仄,其方法是用左手拇指點食指根是平聲,食指頭是上聲,無名指頭是去聲,無名指根是入聲,這叫做"四角標圈法",如下左圖。如果分陰陽,標陽調時在符號下方再加上一橫,如下右圖。

上ᶜ ☐ ᵒ去　　陽上 ᴄ ☐ ᵓ 陽去
平 ☐ ᵒ入　　陽平 ᴄ ☐ ᵓ 陽入

下邊不加一橫的則爲陰調。粵方言的入聲有三個或四個的又該怎麼標法呢?那就再分左右,如廣西博白的四個入聲可以標成:

☐ᵒ　　☐ᶜ　　☐ᵓ　　☐ᴄ
上陰入　下陰入　上陽入　下陽入

廣州話陽入不分上下,就只用向左的一種,即:☐ᵒ。普通話沒有入聲,陰陽上去四聲用四角標調法即可標作:

☐媽　　麻☐　　上聲ᶜ馬　　罵ᵒ去聲
ᶜ陰平　ᶜ陽平

此外,關於聲調,音韻學上還有平仄和舒促兩種概念。促聲指入聲,相對的舒聲指平上去三聲。舒促的不同實際上也是陰聲韻、陽聲韻與入聲韻的區別。因爲在區別陰、陽、入三類韻尾的情況下,陰聲韻和陽聲韻只有平上去三種調類;入聲調即屬於入聲韻。

平仄的不同就是平聲和上去入的區別。這就是說,平指平聲,仄指上去入。這也是詩詞格律上很重要的概念。詩歌講求平仄,就是爲了構成聲音的回環和抑揚,即構成聲音美。關於平仄,王力先生主編的《古代漢語》有專章介紹。我們掌握了古代的四聲,自然也就會分辨平仄。比如白居易《問劉十九》:

綠。	ｃ蟻	ｃ新	ｃ醅	ｃ酒,
(仄)	仄	平	平	仄
ｃ紅	ｃ泥	ｃ小	ｃ火	ｃ爐。
平	平	仄	仄	平
ｃ晚	ｃ來	ｃ天	欲。	雪。,
(仄)	平	平	仄	仄
ｃ能	ｃ飲	一。	ｃ杯	ｃ無?
(平)	仄	仄	平	平

說明:下加括號者,可平可仄。

第六節 等 韻 圖

本節介紹等韻圖的性質和作用,同時解釋"等"和"轉"兩個基本概念。

我們學習現代漢語語音,總是先學元音、輔音,然後學它的聲母、韻母、聲調,最後通過一個聲、韻、調配合表(音節表),對現代漢語語音結構系統獲得一個綜合的概念。一般的聲、韻、調配合表,聲母總是按 b、p、m、f、d、t、n、l……的順序排列,而韻母總是按照 a、o、e、i、u、ü……的順序排列。每個韻母又分四聲。

通過這麼一個聲、韻、調配合表,就可以瞭解現代漢語的語音結構關係,瞭解漢字(音節)聲、韻、調的結合規律。

普通話聲韻調配合總表(舉例)

聲＼韻調	a 陰	a 陽	a 上	a 去	ia 陰	ia 陽	ia 上	ia 去	ua 陰	ua 陽	ua 上	ua 去
b	巴	拔	把	霸								
p	趴	爬		怕								
m	媽	麻	馬	罵								
f	發	乏	法	珐								
d	搭	達	打	大								
t	他		塔	踏								
n		拿	哪	納								
l	拉		喇	辣			倆					
g	旮		嘎	尬					瓜		寡	挂
k	咖			卡					夸		垮	跨
h	鉿		蛤	哈					花	華		化
j					加	夾	假	架				
q					掐		卡	恰				
x					蝦	匣		下				
zh	渣	閘	眨	詐					抓		爪	
ch	插	茶	蹅	詫					欻			
sh	沙	啥	傻	煞					刷			耍
r												
z	匝	雜										
c	擦			礤								
s	撒		灑	薩								
∅	啊				鴉	牙	雅	訝	蛙	娃	瓦	襪

那麼"等韻圖"又是什麼呢？等韻圖的性質也就是一種聲、韻、調配合表，只不過它是古代等韻學家製定的一種古音的聲、韻、調配合表。最初，等韻圖是用來分析韻書中的反切的。反切上字表示聲母，下字表示韻母和聲調，等韻圖用圖表的形式表示出來，即把每個反切的聲、韻、調分析出來，製成音節表，每個反切所表示的字音都反映在圖表裏。由於古代尚無音標，只能用漢字表示聲、韻、調，用漢字製成聲、韻、調配合表，所以我們現在看起來，遠沒有現代

漢語的音節表那麼明確,那麼容易理解。但它對我們學習和掌握古音仍很有幫助,所以要認真地學習。

下面看《韻鏡》第一圖:

齒音舌		音喉		音齒				音牙			音舌				音脣				內轉第一開
清濁	清	濁	濁清	清	次濁	濁	次清	清	濁	次清	清	濁	次清	清	濁	次清	清		
○	籠	○	洪烘翁	○	摠	叢	怱	變	○	疏	空	公	○	同	通	東	蒙	蓬	
戎	隆	○	肜	雄	○	融	崇	充	終	○	犁	窮	穹	弓	蟲	忡	中	瞢	馮	豐	風
○	曨	○	懵	嗊	蓊	○	敢	總	○	○	孔	○	緫	動	捅	董	蠓	琫	○	琫
○	○	○																	
○	弄	○	閧	烘	甕	送	職	謥	㧾	○	控	貢	齈	洞	痛	凍	夢	㡀	○
○	○	○	○	趩	○		銃	眾	驟		燶		仲	中	懞	諷	賵	諷
	祿		縠	熇	屋	速	族	瘯	鋜		哭	穀		獨	禿	榖	木	暴	扑	卜
肉	六		圁	畜	郁	縮	○	珿	娖		毱	掬		逐	俶	竹	目	伏	蝮	福
○	○		育			蘦		取			砡	蹹		朒						

這個圖表從結構上看,和現代漢語的聲、韻、調配合表不太一樣。

1. 左邊的豎行是"東董送屋"四個韻目表示韻母和聲調:東——平聲韻,董——上聲韻,送——去聲韻,屋——入聲韻。

2. 表上的橫行代表聲母,它用發音部位"五音"(或"七音")和發音方法"清"、"濁"來表示。共六大欄:脣音、舌音、牙音、齒音、喉音、舌音齒。舌音齒就是指半舌音和半齒音。這表顯示:"脣音"一欄裏的字,都是聲母屬於脣音的字,"舌音"一欄裏的字,都是聲母屬於舌音的字,以此類推。每音下又依清濁分類,《韻鏡》裏的"清"字指的是"全清","濁"指"全濁","清濁"則是指"次濁"。下面試舉一例。如說有人問牙音全清是指的哪個聲母呢?我們一看表就知道,牙音全清在三十六字母裏屬於什麼聲母。大家回憶一下,牙音裏邊有哪些聲母呢?有見、溪、群、疑四個聲母,其中見屬全清,溪屬次清,群屬全濁,疑屬次濁。那麼"牙音清"指的自然是見母。

3. 圖中小格中的漢字就是音節代表字,每個漢字所處的地位,是由它的聲、韻、調決定的，也就是說，找到了某個漢字的位置，就能分析出它所代表的這個音節的聲、韻、調。比如"公"字在牙音清下東韻格中，那麼"公"字的聲母爲牙音全清，即見母，它的韻母屬東韻，它的聲調是平聲。這就是《韻鏡》的基本結構。

下面再看另一種韻圖——《切韻指掌圖》：

1.《切韻指掌圖》與《韻鏡》的結構基本相同,但它們的聲、韻、調的表示法不完全一樣,《切韻指掌圖》不用五音、清濁這些概念,直接在表的最上邊橫行內標出三十六字母,由右向左依次是牙音見、溪、群、疑;舌音端、透、定、泥(舌頭),知、徹、澄、娘(舌上);脣音幫、滂、並、明(重脣),非、敷、奉、微(輕脣);齒音精、清、從、心、斜(邪)(齒頭),照、穿、牀、審、禪(正齒);喉音影、曉、匣、喻;半舌音來;半齒音日。

2. 韻和聲調分開表示,圖的左邊用韻目表示韻母,圖的右邊明確標出平上去入四聲。《切韻指掌圖》的韻目也與《韻鏡》不完全一樣,第一排《韻鏡》是東韻,《切韻指掌圖》則包括東冬韻,東韻,東鍾韻,鍾韻;第二排《韻鏡》是董韻,《切韻指掌圖》則包括董韻,腫韻;第三排《韻鏡》是送韻,《切韻指掌圖》則是送韻和送用韻;第四排《韻鏡》是屋韻,《切韻指掌圖》包括屋沃韻、屋韻和屋燭韻。

下邊我們舉例說明。比方要在表中查找"松"字,看一看它的聲母、韻母、聲調各是什麽,經查對可知"松"字的聲母是斜(邪)母,韻母屬鍾韻,聲調是平聲。再查找"獨"字,它的聲母是定母,韻母屬屋沃,聲調是入聲。

我們還可以用《韻鏡》和《切韻指掌圖》兩種表對照練習查看。比如查"孔"字,在《切韻指掌圖》上,"孔"字的聲母是溪母,韻母屬董韻,聲調是上聲;在《韻鏡》裏,"孔"的聲母是牙音次清(亦即溪母),韻母屬上聲董韻,上聲調也由董韻表示出來。所以"孔"字的讀音在《切韻指掌圖》和《韻鏡》裏是相同的。其他有相同的,也有不同的。其不同往往反映語音的變化。

等韻圖的結構基本上就是如此,兩相對照更爲清楚。比如《韻鏡》牙音次清指的是哪個聲母?查看《切韻指掌圖》則知是溪母。可見等韻圖表示聲母,有的用三十六字母,有的用五音清濁。至於字音的韻母,則都是用《廣韻》的二〇六韻來表示。關於聲調,有的是用平、上、去、入表示,有的是用韻目兼表之。總而言之,等韻圖就是個聲、韻、調配合表。表中的聲就是指的聲母,調就是指的聲調。至於韻,這裏實際上指的是韻母。但它又是用韻目來表示的。前面講過,韻目是韻的代表字,而韻和韻母是有區別的。等韻圖常常用韻目來表示韻母,例如"東"字既表示東韻,又用來表示圖中許多字的韻母,這就有差異。韻圖的作者爲了解決這一矛盾,在製作韻圖的時候,便創造了一些分析韻母的概念，並且用韻圖表示出來。這主要是從"呼"和"等"兩方面來加以區別。

我們知道，同韻(即主要元音和韻尾相同)的字，除了聲母的差別，區別在於介音。也就是説，同韻字的韻母不同就在於介音上。有的是有没有介音，有的是介音有所不同。比如開合不同的韻母，是有没有[u-]介音的問題。那麽等韻圖是如何區別開合的呢？一般都是分兩個圖，即開口字放在一個韻圖裏，合口字放在另一個韻圖裏。比如説麻韻裏既有"巴、麻、楂、嘉"一類字，又有"瓜、夸、花、化"一類字。它就將麻韻分成兩個圖：前一類字放在開口圖裏，後一類字放在合口圖裏。這就是説，韻圖雖然用一個韻目"麻"來表示，但是它却把開合這兩類韻母區別開了，開口圖中的麻韻是代表没有[u]的韻母([a][ia])的，合口圖中的麻韻代表有[u]的韻母([ua])。有的等韻圖用"輕""重"表示開合，即稱開爲重，稱合爲輕。此外還有"重中輕""重中重""輕中輕""輕中重"等。雖然對此類的名稱我們還不太清楚，但是按一般的情況來説，凡是"重"字在前頭的就是開口，凡是"輕"字在前頭的就是合口，即："重中重"是開口，"重中輕"也是開口；而"輕中輕"是合口，"輕中重"也是合口。鄭樵的《七音略》就是如此的，重和輕不同圖。所以等韻圖處理開合的辦法就是分成兩個圖。這與現代漢語聲、韻、調配合表處理方法是相同的。

等韻圖除了分開合表示韻母的區別外，還有一個重要的概念，就是用"等"來表示韻母的區別。韻圖中一般分上下四格來分等。那麽什麽是"等"呢？等韻圖開合分圖以後，同圖裏的字都是同呼的字。或者都是開口，或者都是合口。那麽不同的韻母又區別何在呢？比如麻韻開口圖中，有韻母[a]，還有韻母[ia]，它們的區別就是"等"的不同。

在《韻鏡》等韻圖裏，平上去入四韻又各分四層(四格)，以表示四等。如合口"東董送屋"每韻都分四層，第一層的叫做一等，第二層的叫做二等，第三、四層的叫做三等、四等。"等"就是等韻圖的一個基本概念，也是等韻學的核心，同時也是等韻學中被認爲不太好懂的内容。其實，用現代語音學來分析，"等"還是比較容易理解的。現在能見到的最早分析等的概念的書，是唐末守温的《韻學》殘卷，其中有"四等重輕例"。它既分"重輕(開合)",又分"等"。例如：

	一等	二等	三等	四等
重(開)	高 古豪反	交 肴	嬌 宵	澆 蕭
輕(合)	觀 古桓反	關 刪	勬 仙	涓 先

它原本按平、上、去、入四聲舉例，爲節省篇幅，此處僅抄録下它的平聲中的兩行例證，但亦可以用來説明分等的道理。守温的"四等重輕例"，重輕指開合，同是重或同是輕都有四等的分別，四個例字，注出四個韻目，一等加注反切(古豪反、古桓反)，但切下字豪、桓也是韻目。這就是説，此處是用反切或韻目來表示等的：就開口説，豪是一等，肴是二等，宵是三等，蕭是四等。又在每一等下舉一例字：一等的例字是"高"，二等的例字是"交"，三等的例字是"嬌"，四等的例字是"澆"。合口四等的例字分別是"觀""關""勬""涓"。合口一等韻目是桓，在《廣韻》中，與開口一等寒分韻；二、三、四等開合同韻，都是删、仙、先。這八個例字，即開口的一、二、三、四等和合口的一、二、三、四等，用現代普通話來讀只有四個韻母：古開口韻母變爲[au][iau]，古合口韻母變爲[uan][yan]，而在唐代則是八個韻母。在上例中一等字注明了反切："高"古豪反，其切下字就是個一等韻。其他注明韻目，但都没有做出進一步的解釋，只是各舉出了一個例字。光看例字容易使人似懂非懂，因爲守温是按照唐末的讀音來解釋等的，今天如果我們按照現代普通話的讀音來給"高""交""嬌""澆"分等，就分不出四等來了。即使是在現代方言裏，上述每呼一、二、三、四等能讀出四個韻母(即四等)來的也是很少的，一般至多只能讀出三個韻母(也就是三個等)來。所以單憑現代普通話和現代方言來認識"等"是比較困難的。

清代音韻學家江永曾對"等"進行過解釋。他説："音韻有四等，一等洪大，二等次大，三四皆細，而四尤細。"(《音學辨微·八辨等列》)指出"等"的區別是由於語音的洪細。不過江永又説："辨等之法須於字母辨之。"他認爲等的區別在於字母(聲母)。這是不確切的。後來，清代另一位音韻學家陳澧就曾指出："等之云者，當主乎韻，不當主乎聲。"(《切韻考·外篇》卷三)這是正確的。就是説，"等"的概念主要是分析韻的，而不是分析聲母的。比如守温舉的例子，

"高、交、嬌、澆"四字都是開口,它們的聲母都屬於見母[k]。現在除了"高"字,其他三字的聲母都讀[tɕ]了,但在古代它們的聲母是相同的,都讀[k]。就是說,四等的區別不在"呼",也不在聲母,同時它們因爲同屬一個韻攝,所以韻尾也是相同的。那就只能是主要元音和有無[i]介音的不同了。用現代語音學來解釋,所謂"洪大"是指的發音時元音的舌位比較後比較低,如[ɑ][ə][o][u]等元音屬之;所謂"細"就是指的發音時元音的舌位比較前比較高,如[i][e][ɛ][a]等屬之。爲什麼又有"洪大""次大""細"和"尤細"的區別呢? 這是因爲元音的高、低、前、後也是相對的。如"高"還有高和半高之分,"低"還有低和半低之別,所以大有洪大、次大,細有細和尤細的區別。根據以上的分析和理解,我們可以把上舉守溫八個例字的讀音擬測爲:

	一等	二等	三等	四等
開口:	高 kɑu	交 kau	嬌 kiɛu	澆 kieu
	(豪)	(肴)	(宵)	(蕭)
合口:	觀 kuɑn	關 kuan	勬 kiuɛn	涓 kiuen
	(桓)	(刪)	(仙)	(先)

現代音韻學家關於古音的擬測還根據其他材料,並有一套方法,我們在後面還要專節講解。這裏僅用這八個例字的擬測來解釋一下四等的區別。從上文擬音可以看出,等的概念主要是分析韻腹(即主要元音)的,同時也與介音[i-]的有無相關,因爲介音[i-]是個前高元音,沒有介音[i-]的音節發音比較洪(一、二等),有介音[i-]的則比較細(三、四等)。三四等的主要元音([ɛ][e])已經比一、二等的主要元音[ɑ][a]較前較高了,再加上介音[i-]就更高了,其細音就更爲明顯。豪、肴、宵、蕭和寒、刪、仙、先在《廣韻》裏分屬效攝和山攝,因爲各有四個不同的韻,所以它們的四等區別就是它們的主要元音的不同。

《廣韻》音系還有同是一韻亦分等。如通攝東韻,有一等和三等的區別。這種區別就不是主要元音,因爲同韻就表明主元音和韻尾相同。那麼在同一個東韻裏的一等和三等的區別又何在? 這就在於有沒有[i-]介音上。沒有[i-]介音的紅類[uŋ]是一等,有[i-]介音的弓類[iuŋ]則是三等。

古代的韻母系統比現代要複雜,元音的區別也較現代要細微。古代的等韻學家在漢字不是拼音文字的條件下創造了"等"的概念,以分析韻母的主要元音和介音,雖然我們現在理解起來比較困難一點,但是我們也要想到古人能做到這一點是很不容易的。他們的分析對我們瞭解古韻是很有幫助的。

本節僅初步解釋一下等的基本概念,下面介紹《廣韻》系統的時候,還要運用等韻的知識做進一步的講解。

關於等韻圖,還有兩個概念需要解釋:一是"攝",一是"轉"。先説"攝"。等韻圖為何講攝?原來是宋元等韻圖的作者根據韻尾相同和主要元音相近的原則,把古音——主要是《廣韻》的韻母系統歸納為若干大類。一般是將《廣韻》的二○六韻歸納為十六大類,即十六攝。攝的意思是"統攝"。佛經裏的攝就是"總攝""歸總"的意思,也就是"以少持多"或者"以彼攝此"的意思。比如"效攝",它包括了蕭、宵、肴、豪四個韻。在《廣韻》裏,這四個韻的韻尾都是收[-u]的,主要元音也都比較相近,即一等"豪"[ɑu],二等"肴"[au],三等"宵"[iɛu],四等"蕭"[ieu],所以就將它們歸為一大類,叫做效攝。蕭、宵、肴、豪是四個平聲韻,實際上還包括了它們的上聲韻篠、小、巧、皓和去聲韻嘯、笑、效、号,所以效攝實際上包括十二個韻。十六攝的名稱是:通、江、止、遇、蟹、臻、山、效、果、假、宕、梗、曾、流、深、咸。這十六個"攝"就把《廣韻》的二○六韻都歸納在其中。每一個攝包括的韻數是不等的,小攝僅包函三個韻,如假攝,大攝則包含三十二韻如咸攝,一般有十幾到二十幾個韻。如果不計聲調,歸納韻部那就還要少得多。

除了"攝",韻圖中還有個"轉"的概念(請看上文《韻鏡》内轉第一開)。轉就是"輾轉"的意思,也就是指聲母和韻母輾轉相拼,拼出一個個字音來。比如平聲牙音全清聲母和東韻一等相拼,就拼出一"公"字來。東韻一等是一個韻母,它可以跟許多聲母相拼,可以跟唇音的全清相拼,可以跟唇音的次清相拼,可以跟唇音全濁相拼,可以跟唇音的次濁相拼,還可以跟舌音、齒音、喉音等相拼。如它跟唇音的次濁相拼,拼出來個"蒙"字。它跟唇音的全濁相拼,拼出來個"蓬"字,它與唇音全清次清,理論上是可以拼切的,但在《廣韻》音系裏是有音無字,故加圓圈"○"表示。總之,一個韻母可以輾轉跟許多聲母相拼,輾轉相拼而成各種字音。反過來也一樣,一個聲母也可以跟不同的韻母相拼,能拼出字音來的填上例字,沒有字的畫上圓圈,代表有音無字。這種情況跟現代漢語的聲、韻、調配合表的性質相同。那麽爲什麼叫"轉"而不叫別的名稱呢?這與佛經有關。因爲有一種佛經叫"轉唱"——可以輪流唱,"轉"字就是取其"輪流"之意。佛經又是用梵文寫的,梵文有體文和摩多之分,體文就是梵文的輔音,摩多就是梵文的元音。梵文的元音有十二個,輔音有四十多個,一個輔音(體文)可以輪流跟十二個元音(摩多)相拼,這在佛經裏叫做"字輪品"。所謂"字輪",也就是輾轉相拼產生一種新的字音的意思。《韻鏡》和《七音略》分析《廣韻》的反切,繪製了四十三轉圖,後來演變爲十六攝。

等韻圖上的"轉",還有"內""外"的分別。那麼又何謂"內轉",何謂"外轉"呢?羅常培先生認爲以含有後元音[u][o],中元音[ə]及前元音[i][e]的韻爲"內轉",含有前元音[e][ɛ][æ][a],中元音[ɐ]及後低元音[ɑ][ɔ]的韻爲"外轉",但這是根據現代的擬音,而且把果、宕二攝定爲外轉,也不甚符合實際情況。從等韻圖所歸納的二〇六韻來看,每一個"轉"都與"攝"有關係。一般情況是,凡有二等韻的攝就叫外轉,凡沒有二等韻的攝就叫內轉。十六個攝中每一攝所包括的韻數不等,有的是一、二、三、四等韻俱全(如山攝、咸攝、效攝、蟹攝等),都屬於外轉。但是也有些攝並不是一、二、三、四等韻俱全的。比如梗攝只包括有二、三、四等韻,而缺一等韻,也屬外轉;臻攝缺四等韻,有一、二、三等韻,也屬外轉;又比如假攝,僅有一個麻韻,但是這個麻韻包括二、三等,所以假攝雖然只有一個韻,也屬於外轉。江攝也只有一個二等江韻,也屬外轉。所以說,十六攝裏凡是具有真正二等韻的,就叫做"外轉"。而不具備真正二等韻的攝,就叫做"內轉",如通攝、止攝、遇攝、果攝、宕攝、流攝、深攝、曾攝。內外各有八攝。至於爲什麽有真正二等韻的叫"外轉",沒有真正二等韻的叫"內轉",尚待進一步研究。

等韻圖也有不同的種類,根據其內容可對等韻圖進行分類。古代的等韻圖大致上可以分爲三種類型:一種類型是基本上分析研究《切韻》《廣韻》音系的,通過分析這些韻中的反切,將它們繪成圖表。此類的等韻圖的代表就是

《韻鏡》和《七音略》。它們把《廣韻》的二〇六韻繪成四十三個圖,叫做四十三轉。等韻圖的第二種類型,是在前一類的基礎上,根據當時的語音變化做了某些調整,如《切韻指掌圖》《四聲等子》和《經史正音切韻指南》(簡稱《切韻指南》)等。這一類韻圖就是把原來《韻鏡》的四十三個圖加以簡化,合併成二十個圖,如《切韻指掌圖》,而《切韻指南》和《四聲等子》又進一步地將它歸成十六攝。《切韻指掌圖》雖然做了歸併,尚無攝的名稱。而《切韻指南》和《四聲等子》中則有了十六攝的名稱。但是這三部書中有個共同的特點,即韻目都是用的《廣韻》二〇六韻,聲母都是採用三十六字母。它們還都根據當時的語音做了不同程度的調整和歸併,語音系統特別是韻母系統發生了變化,已經不是《切韻》《廣韻》音系了。第三類是完全打破了傳統《廣韻》系統,根據當時口語音,重新編製的圖表。這一類的韻圖有宋代邵雍的《皇極經世·聲音倡和圖》、明代徐孝的《重訂司馬溫公等韻圖經》等。前者反映了北宋汴洛方音的語音系統,後者是研究明代北京語音系統的重要材料。

練 習 三

一、注出下列兩首詩的韻腳,並以它們爲例,說明韻、韻母和韻部的異同。

早發白帝城　　李白

朝辭白帝彩雲間,千里江陵一日還。

兩岸猿聲啼不住,輕舟已過萬重山。

聞官軍收河南河北　　杜甫

劍外忽傳收薊北,初聞涕淚滿衣裳。

却看妻子愁何在,漫卷詩書喜欲狂。

白日放歌須縱酒,青春作伴好還鄉。

即從巴峽穿巫峽,便下襄陽向洛陽。

二、注出王之渙《登鸛雀樓》詩的四聲和平仄。

白日依山盡,黃河入海流。

欲窮千里目,更上一層樓。

三、在自己的方言中,下列字的四呼、調類和普通話有什麽不同。

社　船　緑　間　科　褚　交　鴨　戀　吞

更　鉛　劣　銜　説　珠　窗　榮　役　畝

四、解釋下列名詞概念。

韻攝　　轉　　　等　　　重輕

第三章 《廣韻》音系

第一節 《廣韻》的由來和體例

一、《廣韻》的由來

《廣韻》全稱《大宋重修廣韻》,是北宋早期的一部韻書。它是在唐代《唐韻》的基礎上增訂、重修而成,而《唐韻》又是在隋代《切韻》的基礎上增修而成。《廣韻》的"廣"字就是擴大、擴充的意思。

既然《廣韻》是在《唐韻》的基礎上增訂、重修而成的,《唐韻》又是在《切韻》的基礎上增修的,那麽我們的音韻學爲何不從《切韻》或者從《唐韻》講起,而特別重視《廣韻》呢?既然説《廣韻》是擴充《唐韻》《切韻》的,那麽它們有哪些異同?《廣韻》又是怎樣擴充《唐韻》《切韻》的?這就有必要回顧一下韻書的産生和《廣韻》的由來了。

上文第一章"緒論"第一節已談及,我國最早的一部韻書是三國時魏人李登的《聲類》,第二部是晋代吕静的《韻集》。這是公元三至四世紀時産生的兩部韻書。到了南北朝時期(即公元五至六世紀),韻書就出現得更多了,僅《隋書·經籍志》上記録的就有數十種之多,其中有:周研的《聲韻》、張諒的《四聲韻林》、段弘的《韻集》、陽休之的《韻略》、李季節的《音譜》、劉善經的《四聲指歸》、沈約的《四聲(譜)》(在《隋書·經籍志》裏叫《四聲》,而在他處如《梁書·沈約傳》叫《四聲譜》)、夏侯詠的《韻略》等,見於他書的還有周顒的《四聲切韻》、杜臺卿的《韻略》、王斌的《四聲論》等,亦不下數十種,正如顔之推在其《顔氏家訓·音辭篇》中所指出的,這一時期確乎是"音韻蜂出"。

那麼,不遲不早爲何在這個時期產生出如此多的韻書呢？無疑這是有其歷史條件的。主要有兩方面:一方面是佛教傳入中國,翻譯佛經促進了漢語語音的研究;另一方面是由於文學發展,講求格律促進了音韻學的發展。韻書就是適應這種新的需要而產生的。

東漢明帝永平年間(公元 58—75 年),印度佛教傳入中國,明帝劉莊信奉佛教。南朝梁代有一位叫惠皎的和尚,寫了一本《高僧傳》,他對佛教傳入中國的經過情況做過一番描述,並介紹了一些當時著名的僧人。其中,自然也有些迷信傳説。第一位來華的印度和尚叫迦葉摩騰(Kāśyapamātaṅga),當時住在洛陽講佛經,這就是所謂"漢地有沙門之始"。與迦葉摩騰同來的還有一位叫竺法蘭(Dharmaratna)的,《高僧傳》中説這位竺法蘭不僅懂梵文,而且能漢言,傳説他翻譯了許多佛經,並教授中國人學習梵文。其後中國一些研究佛經的人自己學會了梵文之後,也翻譯佛經。到了東漢末年(公元二世紀末三世紀初),印度僧人來華的就更多了,佛經的翻譯也就更盛行了。當時中國的一些僧人與學者在學習梵文中受到梵文字母悉曇的啓發,懂得體文(輔音)和摩多(元音)的拼音原理,於是創造了"反切"這種注音方法。

反切是編撰韻書的一個很重要的條件。反切的創造,反映了創製反切的人已經能够分析漢字字音,能够辨別字音的聲、韻、調了(至少能分析出聲和韻兩個部分)。經過分析,他們能判斷哪些字是聲、韻相同的,哪些字是聲、韻不同的。韻書的特點就是把同韻的字及同音的字編在一起,便於創作詩歌的人選字押韻。所以只有掌握了哪些字是雙聲,哪些字是叠韻的人,才能創造出反切來。清代古韻學家戴震説得好:"未有韻書,先有反切,反切散見於經傳古籍,論韻者博考以成其書。反切在前,韻書在後也。"[①]所以説反切是韻書的基礎,沒有反切就沒有韻書。"韻"這個字也是東漢以後才有的,《説文解字》裏還没有"韻"字。

此外,在南北朝時期,周顒、沈約等人又發現了漢語裏平、上、去、入四聲的區別,這也是韻書產生的一個重要條件。因爲詩歌押韻一般要求平聲字跟平聲字押韻,仄聲字跟仄聲字押韻。不懂四聲,何以言平仄!

---

① 戴震《聲韻考》卷一。

我們知道,魏晋以後至南北朝,中國文學也進入了一個新的發展時期,特別是在文學形式上。在韻文方面,這一個時期大量地吸收了民歌的營養,五言古詩發展到了成熟的地步,七言詩也開始出現了。辭賦也有所發展,排賦就是在這一時期發展起來的,並且還產生了駢體文。總之,這個時期在文學上特別追求形式——講究詞藻,講求聲律。當時有所謂"永明體""齊梁體",都特別講求聲律。文學史上提到沈約等人創製"四聲八病説"。所謂"八病",就是指寫作詩文應當避免的音韻方面的八種毛病,即:平頭、上尾、蜂腰、鶴膝、大韻、小韻、旁紐、正紐。關於"四聲八病",過去有不同的解釋。有一種意見認爲:平頭——是指一首詩每一句的句首用了同聲調的字;上尾——是指一首詩每一句的句末用了同聲調的字;蜂腰——是指一句詩的首、尾都是用的仄聲,只有中間用了平聲字,比如五言詩的一句平仄構成爲"仄仄平仄仄"的形式;鶴膝——指一句詩的首、尾都是平聲字而中間一字是仄聲,即"平平仄平平";大韻——是指在兩句中的十個字内有同韻字;小韻——是指一句五言内有同韻的字;旁紐——是指一句詩中有雙聲的字;正紐——是指一句詩中有完全同音的字,即是説在一句詩中有同聲調、同韻而又同紐(同聲母)的字[①]。由此看來,當時講求聲律是很嚴的。但是這種要求束縛了作者的思想,只能將詩歌創作引到形式主義的道路上去。這是不利於詩歌的健康發展的。不過,由於詩歌創作講求聲律,也促進了詩歌的發展,即促使在這個時期從古體詩中發展出了一種新的詩歌體裁,這實際上是爲唐代近體格律詩的產生準備了條件。同時,這種在韻文中講求聲律的要求,也促進了漢語音韻學的發展。可以認爲,没有文學上的要求,這一時期的韻書是不會產生的,或者説至少不會產生這麽多的。總之,正是由於創造了反切這種注音方法和由於四聲的發現提供了條件,同時也正是由於在文學上講求聲律的要求,南北朝時期才出現了如此多的韻書。而且北朝有北朝的韻書,南朝有南朝的韻書。各家的韻書也如當時的南北朝一樣呈現着紛繁的局面。這些韻書儘管都是根據漢語,大都是利用反切注音,但是有的韻書沿用的是漢魏以來的古反切,有的則是根據方音創製的反切,因此正如顔之推指出的那樣,"各有土風"。

---

① 參看郭紹虞《中國歷代文論選(上册)》,中華書局,1962年,第176頁。

到了公元581年,楊堅統一了中國,建立了隋朝。國家的統一,自然要求文化上的統一,在詩歌創作的用韻上也要求統一規範。原來那些"各有土風"的韻書,自然就失去了作用,所以在隋文帝(楊堅)開皇(公元581—600年)初年,一些有影響的文人,聚在一起討論南北朝以來各家韻書的得失和新編一部韻書的問題。他們是:蕭該、顏之推、劉臻、魏彦淵、盧思道、薛道衡、辛德源、李若,都是當時著名的文人、學者或兼大官吏。《切韻》的作者陸法言當時只有二十多歲,他把蕭、顏等人討論的内容記録下來,又參考了一些别的字書、韻書,記下了一個大綱。過了二十年以後,陸法言就編撰成《切韻》一書。

　　《切韻》成書的年代是隋文帝仁壽元年,即公元601年。由於參與製定《切韻》的作者都是當時有影響的人物,再加上《切韻》提出了"論南北是非,古今通塞"的原則,他們要製定一個全國性的統一規範。所以《切韻》一出現,影響甚大,"惟陸生《切韻》盛行於世"(孫愐《唐韻》序),其他各種韻書就逐漸被淘汰了。《隋書·經籍志》等古籍中所提到的那些韻書,現在連一種也没有保存下來。

　　隋代的統治僅有三十七年,接着就出現了中國歷史上興盛的唐代。《切韻》在唐代繼續發揮作用,唐王朝還將它作爲科舉的標準書,這就更引起了人們的重視,爲之增字加注的特别多,致使《切韻》的面貌不斷發生變化,書名也改變了。在唐代除了沿用《切韻》這個名稱外,還有的叫做《廣切韻》,或者叫做《刊謬補缺切韻》,天寶年間孫愐等人增補的《切韻》,索性叫做《唐韻》了。

　　到了北宋真宗大中祥符元年,再次增訂《切韻》《唐韻》,並定名爲《大宋重修廣韻》,簡稱《廣韻》。大中祥符元年是公元1008年,距《切韻》成書已經四百年了。據唐封演《封氏聞見記》記載,《切韻》原來收字一萬二千一百五十個。《唐韻》增加三千五百字,到了《廣韻》又增加一萬多字,現在見到的詳本《廣韻》共收字二萬六千一百九十四個。《廣韻》的注釋文字更多,有十九萬多字。因此,後代廣泛流傳的就都是《切韻》的增訂本了。特别是五代以後,推廣了刻版印刷,北宋畢昇又發明了活字版,印刷術大發展,故宋代的《廣韻》大量流行,結果,陸法言的《切韻》原本反而逐漸失傳了。宋元以後,一直到清末民初,研究音韻的人,雖然都提到陸法言的《切韻》,但實際上人們所見的却只是宋代的

《廣韻》及《廣韻》書前保留下來的陸法言的一篇《切韻序》。所以宋以後使用、研究的《切韻》實際上是《廣韻》。清代音韻學家陳澧的《切韻考》，實際上也是《廣韻》考，即是在《廣韻》的基礎上考證《切韻》音系。直到二十世紀三十年代，人們才陸續看到甘肅敦煌石室以及新疆吐魯番、和闐等地發現的《切韻》唐寫本和五代刻本，但這些都是殘卷。到現在為止，我們能看到的唐寫本的《切韻》殘卷，大約有四類：即唐寫本《切韻》、五代《切韻》刻本、唐寫本孫愐的《唐韻》、唐寫本王仁昫的《刊謬補缺切韻》。這些材料大都在1900年八國聯軍侵入中國之後被盜劫去了，現在多數收存在法國巴黎國家圖書館，一部分收存在倫敦不列顛博物館，一部分收存在德國柏林普魯士學院。還有一種唐抄本的《切韻》殘卷，落入日本大谷光瑞的手裏，收在他編的一部《西域考古圖譜》中。據王國維先生考證，唐高宗時長孫訥言箋注本是最接近陸法言《切韻》原本的。落入巴黎的那部分《切韻》殘卷，後來由劉復先生抄錄回國。到二十世紀三十年代中期，北京大學的劉復、羅常培、魏建功三位先生，收集了九種《切韻》《唐韻》的殘卷，再加上《廣韻》，把它們對照編輯在一起，彙成一册，叫做《十韻彙編》。這部書於1936年由北京大學出版組影印出版。此外，國內收集韻書殘卷的還有劉復自己編的《敦煌掇瑣》和姜亮夫先生的《瀛涯敦煌韻輯》等。二十世紀八十年代初出版的周祖謨先生的《唐五代韻書集存》（中華書局，1983年），收集的版本更為完備。

　　據統計，前後發現的唐代寫本《切韻》殘卷有三十種之多，但大都是殘缺不全，有的只有平聲、上聲、入聲而沒有去聲，有的只有去聲和入聲，平上聲不全，有的甚至只有一兩頁。比較完整的是直到1947年才發現的明宋濂跋唐寫本王仁昫《刊謬補缺切韻》（簡稱宋跋本），故宮博物院曾影印行世（即所謂"王三"）。故宮還有一種內府藏唐寫本王仁昫《刊謬補缺切韻》（簡稱內府本），唐蘭先生倣寫石印過，所以又叫做唐蘭倣寫本（即所謂"王二"）。這與劉復《敦煌掇瑣》所錄王仁昫《刊謬補缺切韻》殘卷（即所謂"王一"）相近，都不及宋跋本完整。現代學者研究《切韻》的，大多數都是根據這些《切韻》的唐寫本殘卷，特別是王仁昫的《刊謬補缺切韻》的各種本子，如李榮的《切韻音系》、邵榮芬的《切韻研究》。但是社會上流行的還是宋代的《廣韻》，因為過去能夠看到那些《切韻》殘卷的人並不多。

通過對《唐韻》的寫本和《廣韻》的比較研究可以看出，儘管從隋代的《切韻》到宋代的《廣韻》時間相去四百多年，字數也增加了，注釋也擴充了，書名也變更了，甚至於分韻也有出入，韻數增加了(比如《切韻》只有一九三韻，王仁昫的《刊謬補缺切韻》有一九五韻，《廣韻》則有二〇六韻)，反切用字也做了一些改動(如東韻裏，"中"這個小韻，唐寫本注"陟隆反"，而《廣韻》改成"陟弓切")，但是從整個語音系統來看，《廣韻》和《切韻》的語音系統，基本上是一致的，體例也基本上是相同的。

《廣韻》問世以後二十九年，即宋仁宗景祐四年(1037)，丁度、賈昌朝等又奉敕增修《廣韻》，成書後改名爲《集韻》，其韻目仍爲二〇六韻，但是它的反切變動較大，不僅用字有很多不同，而且還涉及音系的變化。據研究，《集韻》的反切已經在很大程度上反映了宋代的語音變化，所以研究《廣韻》或者《切韻》的人，都不把《集韻》作爲代表著作。但是《集韻》仍有其重要的參考價值，因爲它收字多，在《廣韻》的基礎上又增加了二萬七千三百三十一字，當時能見到的字，差不多都搜集進去了，加上原有的二萬六千一百九十四字，共有五萬三千五百二十五字。所以稱作《集韻》，就是集韻書之大成的意思。但是其中一字兩讀或多讀者分收重出，實際上只有四萬餘字。《集韻》作爲一本工具書，作爲一本字典，還是很有用處的。在別的字書裏查不到的字或讀音，往往在《集韻》裏可以查到。但是我們研究《切韻》音系或中古音却不能憑借於它，必須要從《廣韻》入手。

二、《廣韻》的體例

講述《廣韻》的體例，就是介紹它的編排方法和版本情況。

《廣韻》是一部韻書。韻書是按韻來編排的工具書。韻是要區別聲調的，不同聲調就不同韻，所以《廣韻》的編排次序首先是按四聲分卷，即以四聲爲綱，平、上、去、入分爲五卷：平聲兩卷——一爲上平、一爲下平，上聲一卷，去聲一卷，入聲一卷。平聲分爲上平和下平兩卷，只是由於字多，而與平分陰陽無關。每卷若干韻，計有：上平聲二十八韻，下平聲二十九韻，上聲五十五韻，去聲六十韻,入聲三十四韻,總共二百零六韻。每個韻目上,都標出一、二、三、四、五……以表示韻的次第,比如上平"一東、二冬、三鍾、四江、五支……"(目錄上則寫作"東第一、冬第二、鍾第三……",下同),上聲"一董、二腫……",去聲"一送、二宋……",入聲"一屋、二沃……"。每個韻目下所轄的字都是同韻的,就是說每個韻裏的字,主要元音和韻尾都是相同的,但是聲母就不一定相同。有的一個韻裏還有兩三個韻母,這是由於介音的不同所造成的。正因爲如此,所以同一個韻裏的字又按照聲母或者介音的不同分開排列,在同韻中凡是聲母和韻母完全相同的字,就歸在一起,合爲一個同音字組,用小圓圈隔開,唐人把這種同音字組叫做"小韻",後來也有人管它叫做"紐"。《廣韻》二百零六韻共有三千八百七十五個小韻(其中兩個小韻用直音注音,其他均用反切)。每一小韻的字數多少不等。比如東韻裏的"東"小韻有十七個字,"同"小韻有四十五個字,而"中"小韻則只有四個字。有的小韻裏僅有一字,如東韻的"岘"小韻,就只有"岘"這麼一個字,而下平青韻中的"靈"小韻,却多達八十七字。同時,一韻之中小韻的多少也不一致,如上平東韻有三十四個小韻,支韻爲五十七個小韻,而下平凡韻則只有兩個小韻。參見 70 頁的《廣韻》正文第一至二頁。

　　所收每字下都有雙行小字加以注釋。如東韻的第一字:"東"字既是個韻目,又代表"東"這個小韻。每一字下面的注解次序一般是:首先是解釋這個字的字義,如:"東,春方也,《說文》曰:動也,從日在木中……《姓苑》有東萊氏。"(當然,各種版本的注釋詳略不一。)釋義下邊就用反切注明這個字的音,如東"德紅切",其後注出這個小韻的字數,"東"字下注文末了的"十七",就是指"東"這個小韻(同音字組)共有十七個字,即從"東、菄、鶇……"直到"䖝"。接着加一個圓圈將它與第二個小韻"同"隔開。"同"字下注:"齊也,共也……徒紅切。四十五。"第三個小韻是"中",第四個小韻是"蟲",第五個小韻是"忡"……每一個小韻裏有一個反切,如小韻裏的字有兩讀的,則於該字的注釋後面再加上"又音"。比如"一東"的第九個字"涷":

　　涷,瀧涷沾漬。《說文》曰:"水出發鳩山,入於河。"又都貢切。

　　"涷"字既與"東"同一小韻,即同讀"德紅切",現在又加注"都貢切",這表明"涷"字有平、去兩讀。有的時候也不用反切,而用"直音",如第十字"鰊"字下注"又音董",即"鰊"字有平、上兩讀。但是這種"又音",只管這個被注字本身,與同小韻的其他字無關,這和小韻首字下反切注音的性質不同。

《廣韻》的基本體例就如上述。

第三章 《廣韻》音系

早期的《切韻》殘卷，其體例亦基本相同，惟反切和釋義的編次有兩種不同的情況：一種情況是和《廣韻》一樣，反切放在字義注釋之後，另一種情況是反切放在注釋之前。王仁昫的《刊謬補缺切韻》也具有這兩種形式，現行的《廣韻》裏也有與一般情況（注釋在前，反切在後）不一致的地方，即亦有少數情況是反切放在注釋前面的。比如去聲"五寘"中小韻"郒"，下注：充豉切，有大慶也，一。這就是先注反切後注字義的（注文裏的"一"表明"郒"這個小韻裏僅有"郒"這一個字）。寘韻裏還有"𡢃、睡、孈"等小韻也是如此。不過總的來看，在《廣韻》裏，這種反切在前、注釋在後的情況是少數，它反映了來源不同，統編工作沒有做好。也可能是增補時輯錄編纂者沒有注意到體例的一致性。

韻書是爲作詩選字用韻而編的，但《廣韻》系韻書不僅將同韻字歸在一起，而且進一步將同音字歸在一起，用反切注明讀音，有同字異形的又列出異體，辨析正俗，並對每個字的字義做了解釋，有的還引經據典，解釋得十分詳細。所以《廣韻》不僅是韻書，又是字書，同時還具有類書的性質。有些後代已經失傳的典籍卻能見於《廣韻》注釋所引。

《廣韻》音系有很強的系統性，二〇六韻四聲相配，如"東、董、送、屋"。但是四聲的韻數並不一致，所以《廣韻》四聲相配的情況不容易看出來，早期的等韻圖如《韻鏡》《七音略》，已分析《切韻》四聲相配的情況。清人戴震著作《考定廣韻獨用同用四聲表》，更爲明確。參看下面附表：

附：考定《廣韻》獨用同用四聲表（見戴震《聲韻考》卷二）

上平聲	上聲	去聲	入聲
一東 獨用	一董 獨用	一送 獨用	一屋 獨用
二冬 鍾同用	湩𪁪字附見腫韻	二宋 用同用	二沃 燭同用
三鍾	二腫 獨用	三用	三燭
四江 獨用	三講 獨用	四絳 獨用	四覺 獨用
五支 脂之同用	四紙 旨止同用	五寘 至志同用	
六脂	五旨	六至	
七之	六止	七志	
八微 獨用	七尾 獨用	八未 獨用	

九魚獨用	八語獨用	九御獨用	
十虞模同用	九麌姥同用	十遇暮同用	
十一模	十姥	十一暮	
十二齊獨用	十一薺獨用	十二霽祭同用	
		十三祭	
		十四泰獨用	
十三佳皆同用	十二蟹駭同用	十五卦怪夬同用	
十四皆	十三駭	十六怪	
		十七夬	
十五灰咍同用	十四賄海同用	十八隊①代同用	
十六咍	十五海	十九代	
		二十廢獨用	
十七真諄臻同用	十六軫準同用	二十一震稕同用	五質術櫛同用
十八諄	十七準	二十二稕	六術
十九臻	臻龀字附見隱韻	齔字附見焮韻②	七櫛
二十文獨用③	十八吻獨用	二十三問獨用	八物獨用
二十一欣獨用	十九隱獨用	二十四焮獨用	九迄獨用
二十二元魂痕同用	二十阮混很同用	二十五願慁恨同用	十月没同用
二十三魂	二十一混	二十六慁	十一没
二十四痕	二十二很	二十七恨	齕字附見没韻④
二十五寒桓同用	二十三旱緩同用	二十八翰換同用	十二曷末同用
二十六桓	二十四緩	二十九換	十三末
二十七刪山同用	二十五潸產同用	三十諫襉同用	十四黠鎋同用
二十八山	二十六產	三十一襉	十五鎋

下平聲	上聲	去聲	入聲
一先仙同用	二十七銑獮同用	三十二霰線同用	十六屑薛同用
二仙	二十八獮	三十三線	十七薛

三蕭宵同用	二十九篠小同用	三十四嘯笑同用	
四宵	三十小	三十五笑	
五肴獨用	三十一巧獨用	三十六效獨用	
六豪獨用	三十二晧獨用	三十七号獨用	
七歌戈同用	三十三哿果同用	三十八箇過同用	
八戈	三十四果	三十九過	
九麻獨用	三十五馬獨用	四十禡獨用	
十陽唐同用	三十六養蕩同用	四十一漾宕同用	十八藥鐸同用
十一唐	三十七蕩	四十二宕	十九鐸
十二庚耕清同用	三十八梗耿靜同用	四十三敬靜勁同用	二十陌麥昔同用
十三耕	三十九耿	四十四靜	二十一麥
十四清	四十靜	四十五勁	二十二昔
十五青獨用	四十一迥獨用	四十六徑獨用	二十三錫獨用
十六蒸登同用	四十二拯等同用	四十七證嶝同用	二十四職德同用
十七登	四十三等	四十八嶝	二十五德
十八尤侯幽同用	四十四有厚黝同用	四十九宥候幼同用	
十九侯	四十五厚	五十候	
二十幽	四十六黝	五十一幼	
二十一侵獨用	四十七寑獨用	五十二沁獨用	二十六緝獨用
二十二覃談同用	四十八感敢同用	五十三勘闞同用	二十七合盍同用
二十三談	四十九敢	五十四闞	二十八盍
二十四鹽添同用⑤	五十琰忝同用	五十五豔㮇同用	二十九葉帖同用
二十五添	五十一忝	五十六㮇	三十帖
二十六咸銜同用	五十二豏檻同用	五十七陷鑑同用	三十一洽狎同用
二十七銜	五十三檻	五十八鑑	三十二狎
二十八嚴凡同用	五十四儼范同用	五十九釅梵同用	三十三業乏同用
二十九凡	五十五范	六十梵	三十四乏

注　釋：

① 去聲隊，今《廣韻》注"代同用""廢獨用"，《集韻》改作"與代廢通"。

② 戴震考定"齔"字爲臻去聲，附見焮韻。按今《廣韻》上聲隱韻"齓"字下注："毁齒。俗作齔，初謹切，又初靳切，一。"又音初靳切，"靳"字在去聲焮韻。

③ 文吻問物和欣隱焮迄，戴震表均作獨用，今通行本《廣韻》作：

| 文欣同用 | 吻隱同用 | 問獨用 | 物獨用 |
| 欣 | 隱 | 焮獨用 | 迄獨用 |

四聲不一致，《集韻》均作"同用"。

④ 痕韻入聲，戴震表原缺。

⑤ 以下末尾六韻，今本《廣韻》作：

鹽添同用	琰忝儼同用	豔㮇驗同用	葉帖同用
添	忝	㮇	帖
咸銜同用	豏	陷	洽狎同用
銜	槏檻范同用	鑑梵同用	狎
嚴凡同用	檻	鑑	業乏同用
凡	范	梵	乏

次第凌亂，戴震考定重排。

對於《廣韻》四聲表，需要做如下說明：

首先，從表中可以看出，《廣韻》的二〇六韻中，入聲韻跟陽聲韻相配。如"東、董、送、屋"，"陽、養、漾、藥"，"鍾、腫、用、燭"，"真、軫、震、質"，"寒、旱、翰、曷"，"侵、寑、沁、緝"，"覃、感、勘、合"等。而陰聲韻只有平上去相配，如"支、紙、寘"，"脂、旨、至"，"之、止、志"，"魚、語、御"等，其後均無入聲韻相配。這是《廣韻》音系的一個特點。

其次，可以看到：上聲"一董"和"二腫"之間有"澒𪒠字附見腫韻"，"十七準"和"十八吻"之間有"齻齓字附見隱韻"，入聲"十一沒"和"十二曷"之間有"麩字

第三章 《廣韻》音系

附見沒韻",去聲的"二十二稕"和"二十三問"之間有"龀字(又音)附見焮韻",此爲何故？實皆有其原由。如"湩、䑚"等字本是冬韻上聲字,但《廣韻》的上聲韻目"董韻第一"、"腫韻第二"……並無冬韻的上聲韻目。那又爲何將它放在"董"和"腫"之間(即冬韻的上聲地位)呢？這是因爲：二腫韻裏有個"湩"小韻,下面加注說明：

  湩,都䑚切,濁多也,此是冬字上聲,一。

"湩"字的下面還有一個小韻"䑚",注云：

  䑚,莫湩切,䑚鴟鳥,又莫項切,二。曨,豐大。

"䑚、曨"二字以"湩"字作反切下字,表明它們的韻母是相同的。這就是說,在"腫"韻中,"湩、䑚、曨"三字本來是"冬"韻上聲字,但由於字數少,而且不常用,所以《切韻》《廣韻》的作者未爲它單立一個韻目,而將它附在腫韻裏。

  "齔、龀"二字的性質跟"湩"字相同,它們本來是臻韻上聲字,因爲字少,《廣韻》亦未單獨爲臻韻的上聲字立韻目,就將它們附在隱韻裏了。"麧"字附見沒韻的性質也是如此。"麧"字是痕韻的入聲字,因爲痕韻的入聲韻字只有"麧"一個小韻,《廣韻》也未單獨爲它立韻目,而將它附在沒韻裏。龀字又有"初靳切"一讀,本屬臻韻去聲,所以放在去聲稕和問之間。但只有"龀"一字,沒有單獨爲它立韻目,並借用了焮韻"靳"作反切下字。

  第三,表中上聲欄裏的蟹、駭、旱、晧、蕩、厚等韻目,今天普通話都讀去聲,這是語音演變的結果。在古代,它們都屬上聲。由於受全濁聲母的影響,上聲變讀去聲。

  最後解釋一下《廣韻》平、上、去、入四聲的韻目數不相等的問題。入聲韻的韻目少於平上去,比較容易理解,因爲它只跟陽聲韻相配。陽聲韻三十五個,但痕韻入聲不獨立,所以入聲韻只有三十四個。問題是平、上、去三聲相配爲什麼韻目數不相等呢？按理說,上下平聲加起來有五十七韻,上聲和去聲也應各有五十七韻。爲什麼上聲韻只有五十五個,而去聲韻又有六十個呢？這種不一致,主要原因是去聲韻多出了祭、泰、夬、廢四韻。這四個韻都沒有和它相配的平聲和上聲。如上所說,上聲和去聲既然都應如平聲那樣有五十七韻,現在去聲又多出來四個韻,四加五十七應該是六十一個韻,那麼又爲何只有六十個韻呢？這是因爲如上表所示，臻韻去聲没有立韻目，所以六十一減去一個就只有六十韻了。那麽爲何上聲又只有五十五個韻目即比平聲少了兩個呢？這是由於：一是冬韻缺上聲，一是臻韻缺上聲，五十七減二，就只剩下五十五韻了。總之，《廣韻》四聲韻目雖然不等，但都有其原由可循，二〇六韻的系統性是很强的。

三、《廣韻》的版本

關於《廣韻》的版本，過去有詳略兩種。詳本流行較廣的有三種：（一）張（士俊）氏澤存堂本，有木刻的，也有影印的。（二）古逸叢書本，也是木刻本，也有商務印書館的四部叢刊本、國學基本叢書本與中華書局的四部備要本。（三）宋刊巾箱本。這是一種六十四開小字本，所以叫"巾箱本"。略本有兩種：（一）元泰定本。（二）明内府本。略本主要是注釋的文字少。此外還有一種《曹楝亭五種》本，内部有詳有略，是一種混合本。1960 年中華書局出版了周祖謨先生的《廣韻校本》，分上下兩册，上册是五卷韻書，下册是校勘記。它是在澤存堂本的基礎上，參考了各種本子，包括各種新發現的《切韻》《唐韻》殘卷，加以精湛的校勘而成的，是書實成於 1937 年。香港余迺永博士的《新校互註宋本廣韻》（上海辭書出版社，2000 年。香港中文大學初版於 1975 年，1995 年補訂）是比較詳細的《廣韻》校本。2001 年臺北洪葉文化事業有限公司出版了輔仁大學李添富的《廣韻》校本，2011 年出版了修訂二版。

第二節　《廣韻》的性質

向來研究音韻學的人，大都將《切韻》《廣韻》系韻書看作是中古漢語語音系統的代表。但是《切韻》《廣韻》是一種什麽性質的韻書？它的音系的基礎是什麽？它到底代表什麽時代、什麽地方的語音？它能不能作爲我們考證中古音的依據？對於這一系列的問題，歷來有不同的看法。主要的意見有兩種：一種認爲《切韻》音系是一時一地之音；另一種認爲，它是一個包括了古今音和南北方音的複雜的語音系統。持第一種看法者，内部亦不統一。比如唐末李涪

第三章 《廣韻》音系

的《刊誤·切韻》就認爲《切韻》是"吳音"(即吳方言)。李涪離《切韻》時代已將近三百年,他以當時所瞭解的方音的情況來看《切韻》,所以把《切韻》看成了吳音,這是沒有科學根據的,正如現代有人把《廣韻》看成是"廣東人之韻"一樣。在現代的學者中,主張《切韻》是一時一地之音的,一是認爲《切韻》是隋唐時代的洛陽音,陳寅恪先生是這方面的早期的代表(見其所著《從史實論切韻》);一是認爲《切韻》是隋唐時代的長安方音,這種主張的代表主要是法國的馬伯樂(H. Maspero)和瑞典的高本漢(B. Karlgren)。

另一種意見是不贊同《切韻》是一時一地的方音。這種意見最早見於唐末蘇鶚的《演義》,他不同意李涪的《切韻》是吳音的說法,他特別提到《切韻》的作者之一薛道衡,他說:"薛道衡,隋之碩儒,與法言同時,嘗與論音韻,則其吳越之音,而能服八方之人乎?"接著又說:"不獨取方言鄉音而已。"到了清代,戴震在他的《聲類考》中說:"隋唐二百六韻,據當時之音,撰爲定本,而亦所以兼存古音。"他認爲《切韻》不僅是當時之音,而且"兼存古音"。章太炎在他的《國故論衡》(上)中講得更明確:"《廣韻》所包,兼有古今方國之音,非並時同地得有聲勢二百六種也。"看來,持《切韻》非一時一地之音的一派,意見也並不完全一致。有的認爲只是包含古音;有的認爲不僅有古音而且還有方音;有的認爲它基本上是當時的語音系統,但亦吸收了一些方音和古音成分。二十世紀五十年代末、六十年代初,《中國語文》上曾對這一問題開展過討論,發表了不少的文章,意見也很分歧。在1980年成立的中國音韻學研究會的歷屆學術研討會上,兩大派的意見仍時有交鋒,而且一直相持不下,看來還會長久爭論下去。

對此我們先不談自己的看法,還是先來看看陸法言本人的意見。他的觀點和意見反映在他的《切韻序》裏。這篇序言寫得很好,現據周祖謨先生《廣韻校本》抄錄於下,並略加注釋。

昔開皇初,有儀同劉臻等八人同詣法言門宿①。夜永酒闌,論及音韻。以(古)今聲調既自有別,諸家取捨亦復不同②。吳楚則時傷輕淺,燕趙則多(涉)重濁③;秦隴則去聲爲入,梁益則平聲似去④。又支(章移反)脂(旨夷反)魚(語居反)虞(遇俱反)共爲一韻⑤,先(蘇前反)仙(相然反)尤(於求反)侯(胡溝反)俱論是切⑥。欲廣文路,自可清濁皆通;若賞知音,即須輕重有異⑦。

吕静《韻集》、夏侯詠《韻略》、陽休之《韻略》、周思言《音韻》、李季節《音譜》、杜臺卿《韻略》等各有乖互。江東取韻與河北復殊⑧。因論南北是非,古今通塞⑨,欲更捃選精切,除消疏緩⑩。蕭、顏多所決定⑪。魏著作謂法言⑫曰:"向來論難,疑處悉盡,何(爲)不隨口記之!我輩數人,定則定矣。"法言即燭下握筆,略記綱紀。(後)博問英辯⑬,殆得精華。於是更涉餘學,兼從薄宦,十數年間,不遑修集。今返初服⑭,私訓諸弟子,凡有文藻,即須明聲韻。屏居山野,交游阻絕,疑惑之所,質問無從。亡者則生死路殊⑮,空懷可作之嘆;存者則貴賤禮隔,以報絕交之旨。遂取諸家音韻,古今字書,以前所記者,定之爲《切韻》五卷。剖析毫氂,分別黍累⑯。何煩泣玉,未得縣金⑰。藏之名山,昔怪馬遷之言大⑱;持以蓋醬,今歎揚雄之口吃⑲。非是小子專輒,乃述群賢遺意,寧敢施行人世?直欲不出户庭。于時歲次辛酉,大隋仁壽元年也⑳。

注　釋:

① 開皇:隋文帝的年號(581—600)。開皇初:指公元581年或582年。儀同:官名。八人:除劉臻外,尚有顏之推、蕭該、魏彥淵、盧思道、李若、辛德源和薛道衡。

② 古今聲調:指古音和今音。此"聲調"一詞與現代的含義不同,是聲音、語音的意思。諸家:指隋以前各家韻書。

③ 吳楚:泛指南方。燕趙:泛指北方。傷:過分,過於。涉:與"傷"的意思相近。重濁:此處和輕淺對舉,它們究竟指的什麼,過去有不同的解釋。有人認爲輕淺和重濁是聲調的區別(如認爲輕淺指的是平聲和上聲,重濁指的是去聲和入聲);也有人認爲是指前元音和後元音的不同(輕淺是指元音前一點,重濁則是指元音後一點);還有人認爲是開合的不同(重是開,輕是合),總之此處是說南方和北方在語音上有所區別。

④ 秦隴:陝甘一帶,泛指西北。梁益:四川一帶,泛指西南。去聲爲入,平聲似去:這種提法可能指的是當時調值的區別,不一定是調類的不同。

⑤ 支脂、魚虞:指支韻和脂韻不同,魚韻和虞韻有別。《顏氏家訓·音辭

篇》亦云:"北人以庶爲戍,以如爲儒,以紫爲姊。"(按《廣韻》"庶、戍"同是審母,而"庶"屬御韻,"戍"在遇韻;"如、儒"同是日母,而"如"在魚韻,"儒"在虞韻;"紫、姊"同是精母,而"紫"屬支韻上聲紙韻,"姊"屬脂韻上聲旨韻。)這表明當時北方已不分魚與虞、支與脂了。

⑥ 先仙、尤侯:先與仙、尤與侯。這裏可能是指聲類的不同,先,蘇前反。仙,相然反。先、仙韻母不同等,聲類也不相同(先屬心母蘇類,仙屬心母息類)。尤、侯也是聲類不同,尤,于求反,侯,胡溝反,"于"屬喻三,"胡"是匣母,切上字本不同,而有的韻書"俱論是切",即用了同一個切上字。另一説則認爲"先仙、尤侯俱論是切"也是談韻的異同問題,"切"是確切的意思。

⑦ 廣文路:是從文學創作上來看的。清濁:此處可能指開合。賞知音,則是指讀書正音而言。

⑧ 江東:長江以東,指的是南方;河北:黄河以北,則指北方。

⑨ 南北是非,古今通塞:按照這一原則,南北方言中能分的就是"是",不能分的就是"非";古今音中能分的就是"通",不能分的就是"塞"(不通)。

⑩ 捃選精切,除削疏緩:捃,亦選也。精切:與疏緩相對。切,確切。這兩句是說選擇他們認爲準確的音讀,删除那些他們認爲不準確的音讀。

⑪ 蕭:蕭該,蘭陵(今江蘇武進)人。顔:顔之推,本琅琊(今山東臨沂)人,出生金陵,長期在北朝做官,瞭解北方方音。他們二人可以説是當時南北方音的代表。

⑫ 魏著作:指魏彦淵。著作:著作郎的省稱,官名。

⑬ 英辯:英辯之人,即指那些懂得音韻的人。

⑭ 返初服:指回鄉當老百姓。初服:指未做官時穿的衣服。《隋書·陸爽傳》:"子法言,敏學有家風,釋褐承奉郎。初,爽之爲洗馬,嘗奏高祖云:'皇太子諸子未有嘉名,請依《春秋》之義更立名字。'上從之。及太子廢,上追怒爽云:'我孫制名,寧不自解?陸爽乃爾多事!扇惑於勇,亦由此人。其身雖故,子孫並宜屏黜,終身不齒。'法言竟坐除名。"

⑮ 亡者則生死路殊:開皇初年參加討論的八個人,到仁壽元年(公元601年),劉臻、蕭該、顔之推、魏彦淵、盧思道等已亡故,李若、辛德源二人不可考,

只有薛道衡尚在。

⑯剖析毫氂,分別黍累:這是講編撰方法,指儘可能地對音韻進行分析。"氂"通"釐",毫氂和黍累都是很小很輕的單位名詞,十毫爲一氂,十黍爲一累。

⑰以下連用了四個典故。泣玉:《韓非子·和氏》:"武王薨,文王即位,和氏抱其璞而哭於楚山之下,三日三夜泣盡而繼之以血。"縣(xuán)金:《史記·吕不韋列傳》:"吕不韋乃使其客人人著所聞……號曰《吕氏春秋》,布咸陽市門,懸千金其上,延諸侯游士賓客有能增損一字者予千金。"

⑱藏之名山:《史記·太史公自序》:"序略,以拾遺補藝,成一家之言,厥協六經異傳,整齊百家雜語,藏之名山,副在京師,俟後世聖人君子。"

⑲持以蓋醬:《漢書·揚雄傳》:"雄……家素貧,耆酒,人希至其門。時有好事者載酒肴從游學,而鉅鹿侯芭常從雄居,受其《太玄》《法言》焉。劉歆亦嘗觀之,謂雄曰:'空自苦!今學者有禄利,然尚不能明《易》,又如《玄》何?吾恐後人用覆醬瓿(bù)也。'雄笑而不應。"

⑳仁壽元年:公元601年。仁壽,隋文帝年號。

這篇序言不長,内容却相當豐富。讀後可以瞭解到:第一,叙述了《切韻》的成書經過。作者陸法言和劉臻等人在某一天晚上通過討論擬定出一個大綱,約二十年後陸氏參考各家字書韻書,編纂成《切韻》一書。

第二,指出了各地方言的差别。他對各地方言採取了一種批評的態度。當時南北方言的差别很大,特别是"江東"與"河北"兩大方言區。關於這一點,和陸法言同時代的陸德明在《經典釋文》序裏就講到:"方言差别,固自不同,河北江南,最爲鉅異。"此外,雖同在北方,秦隴與燕趙之間的方言也有所不同。

第三,評論了《切韻》以前諸家韻書的得失。指出它們"各有乖互"。

第四,確定了正音的標準和原則,這就是"論南北是非,古今通塞"。顏之推在他的《顏氏家訓》裏就曾明確地提出:"參校古今,折衷南北。"他們的目的是"賞知音",所以審音精細:"剖析毫氂,分別黍累",要求"輕重有異",並且"捃選精切,除削疏緩",嚴格選定了反切用字。這表明陸法言等人已有一個"正音"的概念。他們正音的標準是什麼?序言中沒有明確說,但顏之推在其《顏氏家訓》中說過:"各有土風,遞相非笑,指馬之喻,未知孰是。共以帝王都邑,參校方俗,考覈古今,爲之折衷,摧而量之,獨金陵與洛下耳。"可見他們是以王都的語音作爲正音的標準,同時又參照了方音加以折衷而編纂成書的。這種音就是當時的文學語言的語音,亦即是南北可以通用的官話,也可以説就是五六世紀漢民族共同語的語音系統。

由此可見,《切韻》的性質就是以當時洛陽音爲基礎,同時又吸取了南北方音的一些特點(這些特點也往往反映了魏晋以來的古音)。這種情況不是不可能的。就如近代製訂的"注音字母",它本來是以北京音爲依據的,可是製訂之初的方案中,還有"万"[v]"兀"[ŋ]等聲母,這是照顧南方方音的。所以説,在北京音的基礎上兼顧南方方音的一些特點是可能的。《切韻》也是如此,不過它兼顧的方音和古音的成分有可能更多一點。

《切韻》音系既是在隋唐時代共同語的基礎上吸收了南北方音和古音一些成分的一個音系,所以它與現代漢語方言都有對應關係。中國社會科學院語言研究所編的《方言調查字表》就是採用了《廣韻》音系。用它來調查方言,研究古今音的變化發展,尋找普通話和方言之間的對應規律,有很多便捷之處。研究任何一種語言的方音,有没有這種語言的古音系統作依據,其效果是很不一樣的。同時由於上古尚無韻書,要研究先秦兩漢的語音系統,也需要參考《廣韻》,即以《廣韻》作爲基礎,上溯古音。事實上,上古音研究的不少成果,也多從《廣韻》的分韻上受到啓發。清代古音學家段玉裁的古韻十七部中,之所以能分出支、脂、之三個韻部,就是受到《廣韻》分支、脂、之三韻的啓發。因此,《廣韻》是漢語語音史上一部承上啓下的重要著作,"音韻學"這門課,一定要將它作爲重點來學習。

練 習 四

一、熟讀陸法言的《切韻序》,並將全文譯爲現代漢語。

二、抄録《廣韻》的平聲和入聲韻目,並按陰、陽、入三類韻尾的異同調整編次。

三、從《廣韻》裏查出下列字各在何韻，並注出其反切和同小韻字數。

1. 好男兒志在四方

2. 驕傲來自淺薄，狂妄出於無知

四、注出杜甫《天末懷李白》的四聲、平仄及其韻腳所屬《廣韻》韻目。

　　涼風起天末，君子意如何？鴻雁幾時到，江湖秋水多。

　　文章憎命達，魑魅喜人過。應共冤魂語，投詩贈汨羅。

第三節　《廣韻》的聲母系統

本節準備分兩個問題來講：一、考求《廣韻》聲母的方法和經過，二、談談《廣韻》三十五個聲母的特點。下面先講第一個問題。

一、考求《廣韻》聲母的方法

第二章介紹傳統的三十六字母時曾談到，三十六字母就是古代的三十六個聲母，而且説它們基本上反映了唐末宋初之間漢語的聲母系統。現在討論《廣韻》的聲母系統，那麽能不能說三十六字母就是《廣韻》的聲母系統或《切韻》系韻書的聲母系統呢？如果不是，那麽《廣韻》的聲母究竟有多少？它們又是怎麽研究出來的？

我們知道，《切韻》《廣韻》一類韻書是按四聲分韻的，所以它們的調類以及它們的分韻，我們一檢各卷的韻目就可以瞭解得很清楚，但是它們的聲母和韻母，僅從韻書的表面上是看不出來的。那麽它在韻書中是不是沒有一點反映呢？不是的，它們反映在各韻中同音字組的反切注音裏。而反切的原理是上字表示聲母，下字表示韻母（兼表聲調），所以從音韻學的角度來看，反切是韻書裏最重要的資料，因爲它反映了韻書中每個字的讀音，反映了該部韻書的聲、韻、調系統。什麽時代、什麽典籍中的反切，都反映了一定時代、一定地域的語音系統。研究歷代韻書和其他古籍中的反切，是漢語語音史的重要內容。因此我們要研究《廣韻》的聲母系統和韻母系統，只有從分析研究《廣韻》的反切入手。

第三章　《廣韻》音系

上文講"等韻圖"的時候曾介紹過,早期的"等韻圖"基本上是分析《切韻》系韻書中的反切的。但是它是怎樣分析的,用的是什麽方法?現在僅從"等韻圖"上已經看不出來了,因爲它未予以說明。我們現在只看到它用五音清濁和等呼的概念分析出來的聲母和韻母的結論,其主要的手段就是繪製成圖表(即聲、韻、調配合表)。我們在本章第一節討論《廣韻》體例的時候,曾經介紹過戴震的《考定〈廣韻〉獨用同用四聲表》。這實際上也是對《廣韻》音系進行分析歸納的結果,可是戴震亦未說明他是如何分析歸納出來的。

我國第一個明確宣稱根據《廣韻》的反切來考證《廣韻》的聲韻系統的人,是十九世紀的音韻學家陳澧(1810—1882)。他是位文學家,也是位音韻訓詁學家。他在音韻方面的重要著作,就是他的《切韻考》。該書内篇有六卷,又外篇三卷,共九卷。書名《切韻考》,實際上是《廣韻》考,因爲他並没有真正根據《切韻》原本,亦未看到《切韻》的各種殘卷,他只是讀到《廣韻》書前所載的陸法言的《切韻序》。他將《廣韻》的幾乎全部的反切進行了分析,不過有的反切他認爲不是陸氏原有的,故做了一些删改。陳澧認爲:"切韻之法以二字爲一字之音,上字與所切之字雙聲,下字與所切之字疊韻。上字定其清濁,下字定其平上去入。"(《切韻考》卷一)他運用系聯的方法,分析《廣韻》的聲類和韻類。這種方法現在看來還是比較科學的。陳澧的系聯法可以歸納爲三項條例。這裏先介紹他通過對《廣韻》反切上字的系聯以考求《廣韻》聲類的情况。

第一,是基本條例。陳澧説:"切語上字與所切之字爲雙聲,則切語上字同用者,互用者,遞用者,聲必同類也。"(卷一)例如:

"冬"都宗切,"當"都郎切。"冬、當"二字都用"都"作反切上字,故"冬"和"當"的聲母同類。此爲"同用"例。

"當"都郎切,"都"當孤切。"當"用"都"作反切上字,"都"又用"當"作反切上字,互爲反切上字,所以"當""都"聲母同類。此爲"互用"例。

"冬"都宗切,"都"當孤切。"冬"用"都"作反切上字,"都"又用"當"作反切上字,"冬""都""當"遞相爲用,聲母同類。此爲"遞用"例。

陳澧運用這種方法可以把《廣韻》裏大多數的反切上字加以系聯歸類。

第二,是分析條例。陳澧説:"其兩切語下字同類者,則上字必不同類。"

(卷一)第一項系聯法是將同類的合併在一起,而此項條例則是要將不同類的分開。《廣韻》中凡同音的字組(即一小韻)加注一反切,字音不同,所注反切亦不同。這些反切有的是聲母不同,有的是韻母不同。陳澧説兩個反切如果下字同類(即韻母相同),那麼它們的上字一定不同類(即聲母不同)。因爲如果下字同類上字也同類,那就完全同音,就没有必要再分注兩個反切。比如"彤"徒冬切,"冬"都宗切。"彤"用"冬"作反切下字,"冬"又用"宗"作反切下字,"冬、彤、宗"符合遞用例,它們的反切下字是同類的。反切下字既然同類,那麼它們的反切上字"都""徒"必不同類,即"冬"和"彤"的聲類不相同。事實上"冬"屬於端母,"徒"則屬於定母。

第三,可稱做補充條例。陳澧説:"切語上字既系聯爲同類,然有實同類而不能系聯者,以其切語上字兩兩互用故也。如多、得、都、當四字,聲本同類。多,得何切;得,多則切;都,當孤切;當,都郎切。多與得,都與當,兩兩互用,遂不能四字系聯矣。"(卷一)一般情況下,大多數的反切都可以通過"基本條例"系聯歸類,但是亦有實際上同類而不又系聯不起來的,如"多、得、都、當"四字的反切上字,本是同類的,可是僅"多"與"得"兩兩互用,"都"與"冬"兩兩互用,而"多、得"與"都、冬"却不能系聯在一起。這又如何處理呢?陳澧就利用《廣韻》中"又音""互見"的情況。因爲有的字有幾種讀音,這種一字異讀,《廣韻》一般加注"又音"或者"又切"以表示。比如平聲東韻第一個同音字組("東")共十七字,注"德紅切",但第九字"涷"下和第十一個字"凍"下都注有"又都貢切"。這就表示,這兩個字既讀平聲德紅切,又讀去聲都貢切①。再查去聲"送"韻第五個同音字組的頭一個字"凍"下注"多貢切又音東",這裏"又音東"相當於平聲"德紅切",而"多貢切"就是"都貢切"。同一個字音用了兩個不同的反切上字,而它們的讀音則完全相同。如"多貢切"的"多"和"都貢切"的"都"這種同音不同字就叫做"互見"。

陳澧就是運用這種互見的材料作爲系聯法的補充手段。因爲《廣韻》的"又音"表明"都貢切"就是"多貢切","都"和"多"互見,所以"都、當"和"多、得"又可以系聯爲同類。本來一個聲母用一個字來代表就可以了,如三十六字母,

---

① 同組還有個"諫"字,下注"又音董"也屬於一字異讀的情況,只不過此處用的是直音,而不是反切。

那麽《切韻》系韻書裏爲什麽同一個聲母用好些反切上字來表示呢？這是因爲《切韻》時代還没有字母的概念，只要聲母相同的都可以互相用作反切上字，而同聲母的字往往又較多。同時《切韻》又是參考以前諸家韻書編成的，它用的反切也是從各家韻書中選取來的，因此形成了用不同的反切上字以表示同一個聲母的現象。

陳澧根據上述三項條例，將《廣韻》的四百五十二個反切上字，共系聯出四十個聲類。他認爲這四十個聲類，就是"隋以前雙聲之區域也"（卷二）。這四十類，分清聲（包括全清、次清）二十一類，即：見、溪、曉、影、端、透、知、徹、照、穿、審、莊、初、山、精、清、心、幫、滂、非、敷；濁聲（包括全濁、次濁）十九類，即：群、匣、于、喻、疑、定、來、泥、澄、娘、牀、禪、日、神、從、邪、並、奉、明。陳氏最初並未按五音的次序來排列，也没有用"見、溪、群、疑……"這三十六字母來標目。後來在其《外篇》裏才用字母來參定的。拿傳統的三十六字母跟四十聲類進行比較可以看出，有五個是多出來的，即山、初、莊、神、于，另將微母併入明母，所以是三十六加五又减一，等於四十類。

這是陳澧用系聯法分析歸納《廣韻》反切上字的結果。這種系聯法合乎形式邏輯，有一定的科學性。但是陳澧在實踐中，並没有完全遵守自己所定的條例，特別是補充條例的運用很不一致，這主要表現在基本條例系聯不起來的，有的用補充條例將它們合併爲一類，有的又不用補充條例把它們分成兩類。如唇音幫和非、滂和敷、並和奉，他没有用補充條例而各分爲兩類，但同是唇音的明和微他又用了補充條例把它們合併了。例如平聲東韻"夢"讀莫中切，又"武仲切"；"武仲切"是去聲；查去聲送韻也有個"夢"字，讀莫鳳切。顯然"莫鳳切"和"武仲切"是同音互見。"莫"屬明母，"武"微母。陳澧在這裏根據又音互見的原則，即將明和微合併爲一類。《廣韻》的"又音"甚多，據統計，《廣韻》所收二萬六千一百九十四字中，約有二千五百多個又音，這就是説將近十分之一的字有異讀。[①] 但不是所有的"又音"都有"互見"，有"互見"的大約有一千七百多個。而唇音幫和非、滂和敷、並和奉都有互見的又音。比如去聲廢韻中小

---

① 據余迺永統計，《廣韻》收字實爲二萬五千三百二十九個，其中獨音字一萬四千九百二十一個，二音以上字四千五百九十五個（見《新校互註宋本廣韻》，上海辭書出版社，2000年）。

韻"吠"字讀"符廢切"，同組有個"茷"字又"方大切"。"大"字屬泰韻，查泰韻小韻"貝"下也有個"茷"字，字義相同，讀"博蓋切"。"博蓋切"就是"方大切"（"大"音 dài），"博"屬幫類，"方"屬非類，按照這個"又音"可以把幫和非兩類系聯一起。可是陳澧並沒有這樣做。可見他的系聯法用不用補充條例，存在着主觀成分。

《廣韻》的"又音""互見"不僅唇音有，舌音也有。比如下平聲陽韻中，小韻"長"直良切（cháng），又丁丈切。"丈"屬上聲養韻。查養韻"長"字下，注"知丈切又直張切"。"知丈切"和"丁丈切"是"又音"互見，"知"是舌上知母，"丁"是舌頭端母。根據這一"又音"，亦可將知和端兩類合併起來，但是陳澧並未理會這個事實。

談到這裏我們還要討論一個有關的問題。這就是《廣韻》裏的所謂"類隔切"。"類隔"是指聲類相隔，即聲母不同類。如上聲語韻有"貯（zhǔ），丁呂切"，丁呂切現代普通話和大多數方言都已拼切不出貯（zhǔ）的讀音來了。在三十六字母裏，"貯"是舌上音知母，"丁"是舌頭音端母，聲母已不同類。這種情況，《廣韻》的作者也已察覺到了，但是《廣韻》是繼承《唐韻》《切韻》的，編撰者不敢輕易更動原書中的反切，只在《廣韻》每卷末附上"新添類隔今更音和切"。"類隔"是與"音和"相對的，"音和"是指切上字與被切字聲母同類，比如丁呂切貯是"類隔"，而《廣韻》上聲卷末所附則改爲"貯，知呂切"，知呂切貯是"音和"。這種情況唇音字更多，如《廣韻》上平支韻"卑"字，注"府移切"，"卑"字屬重唇幫母，此處却用了一個輕唇非母"府"字作爲反切上字，就是説用了一個輕唇字切重唇字。這在《廣韻》時代已切不出準確讀音來了。因此，《廣韻》上平卷末就增補了個"卑，必移切"，即將正文中的"府移切卑"（類隔）改成"必移切卑"（音和）。又如脂韻"眉"字注武悲切，"武"是微母，輕唇，"眉"是明母，重唇，這也是"類隔"，所以平聲卷末改爲音和的"眉，目悲切"。那麽爲何會出現這種改"類隔"爲"音和"的情況呢？這反映了語音的變化。原來唐以前輕唇和重唇是不分的，隋以前舌頭和舌上也是不分的，因此在《切韻》的反切注音中，輕唇可以切重唇，重唇也可以切輕唇。同樣，舌頭可以切舌上，舌上也可以切舌頭。但到了宋代編撰《廣韻》的時候，口語裏輕唇和重唇已分開，舌頭和舌上也早已分化了。於是感到這類反切和被切字有隔閡,拼切不出準確的讀音來。所以在《廣韻》前四卷正文之後將這種"類隔"的反切改爲音和切,標之爲"新添類隔今更音和切"。事實上所謂"類隔"是語音演變分化的結果,在此前語音尚未發生變化時,本來也是"音和切"①。

由於存在上述情況,所以《廣韻》的反切比較複雜。那麽,如何看待和處理《廣韻》這種複雜的反切呢? 陳澧《切韻考》就是在處理這個問題上前後不統一,因此他得出的四十聲類,不能完全符合《廣韻》的客觀實際。後來的學者都不甚滿意他的四十聲類的結論。如民國初年張煊在《求進步齋·音論》中説:"陳氏於《廣韻》所互注之切語,實未盡考,煊嘗考《廣韻》一字兩音之互注切語,知陳氏所分之四十類,尚大有可合者在。聲類四十,尚非切語之本真。"②的確,如果將《廣韻》的"又音""互見"都利用到,《廣韻》的反切上字所反映出來的聲類,僅有三十來個;而如果完全不考慮"又音"和"互見",那就又遠不止四十類了。黃侃和錢玄同首先就不同意陳澧合併"明"和"微"兩類,指出他"自亂其例",所以黃侃、錢玄同都主張《廣韻》有四十一聲類(據錢玄同《文字學音篇》第二章《廣韻》):

深喉音　影喻[于]

淺喉音　見溪群曉匣疑

舌　音　端透定來泥知徹澄娘照穿[神]審禪日

齒　音　精清從心邪[莊][初]牀[山]

唇　音　幫滂並明非敷奉微

其中加[　]號的是陳澧《切韻考》所分出的。

後來瑞典漢學家高本漢著《中國音韻學研究》(1915—1926)又將四十一聲類中的見、溪、疑、影、曉、來等六母亦各分爲兩類,於是得出了四十七聲類。又白滌洲著《廣韻聲紐韻類之統計》(《北京女師大學術季刊》1931年第二卷一期),運用統計的方法,也得出了四十七聲類的結論。白氏將反切上字和反切

---

① 稍後丁度等編的《集韻》則在正文裏將這種類隔切直接改爲音和切。如卑,賓彌切;貯,展吕切。
② 載《國故》第一至三期(1919)。

下字分别进行统计。统计反切上字时，又参考等韵图注明所切字的"呼"和"等"。下面以见母为例，看白氏的统计法：

反切上字		古	公	兼	各	格	姑	佳	乖	規	吉	居	舉	九	俱	紀	几	詭	過	18
反切		古公戶	古紅	古甜	古落	古伯	古胡	古膎	古懷	古隋	古質	居魚	居許	居有	舉朱	居理	居履	過委	古臥	
等呼	一	60	2		1															63
	二	49	1			1		1												52
	三											62	7	5	3	2	2	1	1	83
	四	23	3	1			1			1	1	15				1				46
缺等		4						1				2		1	1					9
共計		136	6	1	1	1	1	1	1	1	1	79	7	6	4	3	2	1	1	253

上表横看第一行中，共有反切上字十八个，都属于三十六字母中的见母。但从统计的情况来看，显然有分为两类的趋势，一类是"古、公、兼、各、格、姑、佳、乖、規、吉"，一类是"居、舉、九、俱、紀、几、詭、過"。"古"类只出现在一、二、"四等韻"的前边，即一等韻前用了六十三次，二等韻前用了五十二次，四等韻前用了三十次；而"居"类，主要出现在三等韻前边，共八十三次，另有十六次用在四等韻之前。分类的条件也很明显，依照陳澧《切韻考》的系聯法，表示见母的反切上字只能有一类，因为两类同用"古、居"作反切上字。白滌洲参照等韻以声韻互为条件，运用统计法则得出见母分两类的结论，这是可信的。白氏用同样的方法，还将三十六字母中的"溪、疑、曉、影、喻、照、穿、牀、審、來"等亦各分为两类，加上"幫、滂、並、明、非、敷、奉、微、端、透、定、泥、知、徹、澄、娘、精、清、從、心、邪、日、群、禪、匣"，共计也是四十七声类，跟瑞典高本漢所得的结果相同。後来，曾運乾、陸志韋、周祖謨等先生，进一步从審音的角度，并参用"统计法"或"系聯法"各自得出了五十一声类的结论①。即除了上述的四十七类外，

---

① 参看曾運乾《切韻五聲五十一紐考》，《東北大學季刊》第一期，1930年；陸志韋《證廣韻五十一聲類》，《燕京學報》25期，1939年；周祖謨《陳澧切韻考辨誤》，見《漢語音韻論文集》，商務印書館，1957年，又《問學集》，中華書局，1966年。

又將表示"精、清、從、心"四母的反切上字各分爲二,條件是一、二、四等一類,三等一類。下面是《廣韻》五十一聲類表:

發音方法＼發音部位	唇音		舌頭	舌上	齒頭		正齒		牙音		喉音		半舌		半齒
全清	博	必(方)	都	陟	作	子	莊	章	古	居	烏	於			
次清	普	披(芳)	他	丑	倉	七	初	昌	苦	丘					
全濁	蒲	皮(符)	徒	直	昨	疾	崇	神		渠					
次濁	莫	彌(武)	奴	女					五	魚					
清					蘇	息	生	書			呼	許			
濁						徐		市			胡				
次濁											于	以	盧	力	而

唇音分爲兩類,一類是"博、普、蒲、莫",與一、二、四等韻相拼;一類是"必、披、皮、彌",只與三等韻相拼。這"必"類有的用"方、芳、符、武"四個輕唇字作代表,但《廣韻》的聲母系統尚無輕唇,只有重唇,而且三十六字母中的輕唇音只是"必"類的一部分,即合口三等部分。所以即使用了"方、芳、符、武"作代表字,也並不等於"非、敷、奉、微"。關於這一點,下文還要言及。其他有的即使與三十六字母的分類相當,我們也改用同類的另一反切上字爲其名稱,如舌頭音不用"端"用"都",不用"透"用"他",不用"定"用"徒","泥"與"娘"改用"奴"與"女",舌上音"知、徹、澄"則改爲"陟、丑、直"。這些用作代表字的切上字,一般是同類中使用次數最多的,亦即是《反切上字表》中各類的首個字。

齒頭音"作"與"子"、"倉"與"七"、"昨"與"疾"、"蘇"與"息",這是"精、清、從、心"四母的反切上字各自分成的兩類;邪母只有一類用"徐"字表示。正齒音"莊、初、崇、生"和"章、昌、神、書"是三十六字母中的"照、穿、牀、審"分成的兩類;"市"類即禪母,只有一類。"神"又作"船"。

牙音見母分爲"古"與"居",溪母分爲"苦"與"丘",群母只有一類用"渠"字作代表,"五"與"魚"代表疑母的兩類。喉音下"烏、於"是影母的兩類,"呼"與

"許"是曉母的兩類,"胡"是匣母,"于"與"以"是喻母的兩類("于"即喻₃,"以"即喻₄)。"喻"本字屬"以"類,所以有的音韻學者用"喻"字代表"以"類。

半舌音下"盧"與"力"是來母的兩類;半齒音下日母只有一類,用"而"字表示。

以上五十一聲類,即是根據《廣韻》中反切上字所分的類別。

二、《廣韻》的三十五個聲母

應當明確,"聲類"還不等於"聲母",聲類是反切上字的分類。如上所述,反切上字的分類和反切下字有密切關係,不同的反切下字要求不同的反切上字與之相拼,這是爲了求得反切上下字拼切的諧和。因此反切上字隨着反切下字的不同即有分類的趨勢,這種趨勢基本上是:一、二、四等韻一類,三等韻一類。這就是説,在反切上字中,跟一、二、四等韻相拼的,往往是一類反切上字,跟三等韻相拼的,則是另一類反切上字。比如表示見母的"古"類和"居"類,"古"類的反切用字除了"古"還有"公、過、各、格、兼、姑、佳、詭、乖",這些只用於一、二、四等韻之前,即僅與一、二、四等韻的切下字相拼;"居"類包括"居、舉、九、俱、紀、几、規、吉"等字,均用於三等韻之前,即僅與三等韻(少數還跟四等韻)相拼。影母的"烏"類和"於"類,幫母的"博"類和"必"類等,也都如此。其間緣由主要是個介音(韻頭)的問題。因爲三等韻切下字肯定有個[i]介音,反切上字也用個三等字,拼切起來比較諧和自然。如果用個有[i]介音的三等字作反切上字去切沒有介音的一等韻,就不和諧,要切出準確的讀音來比較困難,如"居黄切光",就不如"公黄切光"和諧自然。切上字一、二、四等同類,因爲《廣韻》的二等韻也是沒有[i]介音的;至於四等字,現代北方話大都有[i]介音,但其早期大概亦無[i]介音(現代廣州方音裏許多四等字仍無[i]介音,如"雞、西、齊、禮、低、踢、廳"等),所以才與一、二等同類。

既然反切上字的分類是依據反切下字(即韻母)的"等",因此表示同一聲母的反切上字也往往分爲兩類,比如"古"類和"居"類,實際上都表示見母[k],"博"類和"必"類都表示幫母[p],"作"類和"子"類都表示精母[ts],"烏"類和"於"類都表示影母[0](參看本節末了所附《〈廣韻〉反切上字表》)。因此,《廣韻》的五十一聲類不等於五十一個聲母，《廣韻》的聲母實際上要比五十一聲類少。凡一個聲母分爲兩個聲類的，都是互補的。仍以見母的"古""居"兩類反切上字爲例來看，"古"類反切上字僅出現在一、二、四等韻之前，"居"類的反切上字則只出現在三等韻之前，兩類互補，並不對立。所以，如果不考慮反切下字的要求，將同一聲母的聲類加以合併，那麼《廣韻》的實際聲母只有三十五個。此三十五聲母與三十六字母加以對照，這就是：

唇音：幫（非）[p]、滂（敷）[p']、並（奉）[b]、明（微）[m]

舌音：端[t]、透[t']、定[d]、泥（娘）[n]、來[l]
　　　知[ṭ]、徹[ṭ']、澄[ḍ]

齒音：精[ts]、清[ts']、從[dz]、心[s]、邪[z]
　　　莊[tʃ]、初[tʃ']、崇[dʒ]、生[ʃ]
　　　章[tɕ]、昌[tɕ']、船[dʑ]、書[ɕ]、禪[ʑ]、日[nʑ]

牙音：見[k]、溪[k']、群[g]、疑[ŋ]

喉音：曉[x]、匣（于）[ɣ]、影[∅]、喻[j]

從《廣韻》三十五聲母系統中，我們可以看出它具有如下幾個特點：

（一）唇音僅有一類。這是與三十六字母不同的。就是說，在《廣韻》的三十五聲母中，唇音不分輕重，只有重唇幫、滂、並、明，而無輕唇非、敷、奉、微。具體說，三十五聲母與五十一聲類及三十六字母在唇音方面的異同關係如下表：

要弄清楚三者的交錯關係。此處要特別注意三十六字母的"幫、滂、並、明"和"非、敷、奉、微"分兩類與五十一聲類的"博、普、蒲、莫"和"必、披、皮、彌"分兩類，其性質是不同的：前者是輕重唇的分別，後者是反切上字的分類。三十六字母唇音分兩類是語音變化的結果，反切上字分兩類則是由於反切下字拼切的要求，不能混爲一談。而且三十六字母的輕脣"非、敷、奉、微"只相當於五十一聲類的"必、披、皮、彌"的一部分（即一般是屬於合口三等的那一部分），其餘一部分（即屬於開口三等的那一部分）則仍讀重脣"幫、滂、並、明"。

（二）《廣韻》的舌音聲母和切上字分類以及三十六字母的分類基本相同，只有"泥"與"娘"合爲一個聲母①，而五十一聲類和三十六字母裏則是分開的。

（三）齒音有三套。這和五十一聲類、三十六字母均有出入。"齒頭音"除了"邪"母，"精、清、從、心"五十一聲類各分爲兩類，即"作、倉、昨、蘇"和"子、七、疾、息"，基本上"作"類切一四等（二等字極少），"子"類切三等，而三十六字母與三十五聲母都只有一類。"正齒音"三十六字母僅有"照、穿、牀、審、禪"一套，而根據陳澧的考證，《廣韻》正齒音的反切上字可以分爲"莊、初、崇、生"和"章、昌、船、書、禪"兩類，其一般情況，"莊"類與二、三等韻相拼，"章"類與三等韻相拼，則不同於其他反切上字的分類，它們都能切三等韻，有對立，所以是兩套聲母。

（四）牙音與喉音中的"見、溪、疑、曉、影"，五十一聲類各分爲兩類（即"古、苦、五、呼、烏"和"居、丘、魚、許、於"），條件與脣音相同。三十五聲母和三十六字母都只有一套。群母切上字只切三等韻，所以僅有一類，聲類與聲母一致；匣母也只有一類，切一、二、四等韻；但喻母分爲"于、以"兩類，即所謂喻₃、喻₄。"于"類（喻₃）只切三等韻，在《廣韻》聲母系統中與匣母互補，關係密切，如"雄"，羽弓切，所以五十一聲類的"胡、于"兩類條件也同見母，實際上只是一個聲母。"以"類（喻₄）在《韻鏡》裏排在第四等的位置上，但它只與三等韻相拼，與"于"類（喻₃）對立，是一個獨立的聲母。

（五）半舌音來母，五十一聲類分爲"盧、力"兩類，條件同脣音與牙喉音，三十六字母和三十五聲母只有來母一個。半齒音，五十一聲類只有"而"一類，即三十六字母和三十五聲母的日母。

附：《廣韻》472個反切上字表（右下數碼爲出現次數）

一、　　見[k]　　　①古₁₃₆公₃過₁各₁格₁兼₁姑₁佳₁詭₁乖₁

②居₇₉舉₇九₆俱₄紀₃几₂規₁吉₁

---

① 亦有主張泥、娘分爲兩個聲母的，如邵榮芬先生的《切韻研究》。

第三章 《廣韻》音系

二、	溪[kʻ]	③ 苦₈₆口₁₃康₄枯空₂恪₂牽₁謙₁楷客₁可₁
		④ 去₄₂丘₃₈區₄墟₃起₃驅₂羌₂綺₂欽₁傾₁窺₁詰₁祛₁豈₁曲₁卿₁棄₁乞₁
三、	群[g]	⑤ 渠₃₆巨₂₄其₂₃求₇奇暨₂具₂臼₁衢₁強₁跪₁狂₁
四、	疑[ŋ]	⑥ 五₈₁吾₄研₂俄₁
		⑦ 魚₄₀語₁₄牛₁₀宜₄虞₂疑₂擬₁愚₁遇₁危₁玉₁
五、	曉[x]	⑧ 呼₆₉火₁₆荒₄虎海₁呵₁馨₁花₁
		⑨ 許₇₃虛₁₆香₉況₇興₁休₂喜₂朽₁羲₁
六、	匣[ɣ]	⑩ 胡₉₀户₃₂下₁₄侯₆乎₂何₂黃₂獲₁懷₁
	(喻₃)	⑪ 于₁₈王₉雨₄爲₃羽₃云₂永₁有₁雲₁筠₁遠₁韋₁洧₁榮₁
七、	影[ʔ]	⑫ 烏₈₂安₃烟₁驚₁愛₁哀₁握₁
		⑬ 於₁₁₀乙₈衣₃伊₃一₃央₂紆₂憶₁依₁挹₁憂₁謁₁委₁
八、	喻₄[j]	⑭ 以₂₄羊₁₄余₁₂餘₈與₇弋₃夷₂予₂翼₁營₁移₁悦₁
九、	知[ṭ]	⑮ 陟₄₁竹₁₃知₁₀張₈中₂猪₁豬₁徵₁追₁卓₁珍₁
十、	徹[ṭʻ]	⑯ 丑₆₇敕₉恥₁癡₁楮褚₁抽₁
十一、	澄[ḍ]	⑰ 直₅₅除₇丈₅宅₄持柱₂池₁遲₁治₁場₁佇₁馳₁墜₁
十二、	照₂(莊)[tʃ]	⑱ 側₃₅莊₇阻₆鄒₁簪₁仄₁爭₁
十三、	照₃(章)[tɕ]	⑲ 之₂₉職₁₂章₁₂諸₇旨₄止₃脂₁征₁正₁占₁支₁煑₁
十四、	穿₂(初)[tʃʻ]	⑳ 初₂₉楚₂₃測₂叉₁芻₁厠₁創₁瘡₁
十五、	穿₃(昌)[tɕʻ]	㉑ 昌₂₉尺₁₆充₇赤₃處₃叱₂
十六、	牀₂(崇)[dʒ]	㉒ 士₃₃仕₉鋤₇鉏₅牀₃查₂雛₁助₁豺₁崇₁崱₁俟₁
十七、	牀₃(船)[dʑ]	㉓ 食₁₁神₆實₂乘₁
十八、	審₂(生)[ʃ]	㉔ 所₄₄山₁₅疎₆色₅數₃砂₂沙₂疏₁生₁史₁
十九、	審₃(書)[ɕ]	㉕ 式₂₃書₁₀失₆舒₆施₃傷₂識₂賞₂詩₂始₁試₁矢₁釋₁商₁
二十、	禪[ʑ]	㉖ 市₁₁是₆時₁₅常₁₁承₅視₃署₂殊₂氏₁寔₁臣₁殖₁植₁嘗₁蜀₁成₁

二十一、日[nz]	㉗ 而₂₃ 如₁₇ 人₁₆ 汝₄ 仍₁ 兒₁ 耳₁ 儒₁
二十二、泥[n]	㉘ 奴₅₄ 乃₁₆ 那₃ 諾₂ 內₂ 嬭₁
（娘）	㉙ 女₃₅ 尼₉ 拏₁ 穠₁
二十三、來[l]	㉚ 盧₂₆ 郎₁₆ 落₁₁ 魯₉ 來₃ 洛₂ 勒₂ 賴₁ 練₁
	㉛ 力₅₇ 良₁₃ 呂₇ 里₂ 林₁ 離₁ 連₁ 縷₁
二十四、端[t]	㉜ 都₃₇ 丁₂₃ 多₁₁ 當₉ 得₂ 德₂ 冬₁
二十五、透[t']	㉝ 他₅₃ 吐₁₀ 土₆ 託₂ 湯₁ 天₁ 通₁ 台₁
二十六、定[d]	㉞ 徒₆₅ 杜₃ 特₂ 度₁ 唐₁ 同₁ 陀₁ 堂₁
二十七、精[ts]	㉟ 作₁₅ 則₁₂ 祖₅ 臧₄ 借₁
	㊱ 子₆₁ 即₁₆ 將₇ 姊₃ 資₁ 遵₂ 茲₂ 醉₁ 飡₁
二十八、清[ts']	㊲ 倉₂₄ 千₁₂ 蒼₂ 麤₂ 采₂ 青₁ 麁₁
	㊳ 七₆₁ 此₄ 親₂ 醋₁ 遷₁ 取₁ 雌₁
二十九、從[dz]	㊴ 昨₂₇ 徂₁₉ 才₁₂ 在₁₀ 藏₄ 前₁
	㊵ 疾₁₆ 慈₉ 秦₅ 自₁ 漸₁ 匠₁ 情₁
三十、心[s]	㊶ 蘇₄₁ 先₁₃ 桑₅ 素₄ 速₁
	㊷ 息₃₁ 相₁₁ 私₈ 思₇ 斯₃ 胥₁ 雖₁ 辛₁ 須₁ 寫₁ 悉₁ 司₁
三十一、邪[z]	㊸ 徐₁₁ 似₁₁ 祥₄ 辝₃ 辭₂ 詳₂ 寺₁ 隨₁ 旬₁ 夕₁
三十二、幫[p]	㊹ 博₂₃ 北₁₁ 布₉ 補₇ 邊₁ 伯₁ 百₁ 巴₁
（非）	㊺ 方₃₂ 甫₁₂ 府₁₁ 必₇ 彼₆ 卑₄ 兵₂ 陂₂ 并₂ 分₂ 筆₁ 畀₁ 鄙₁ 封₁ 晡₁
三十三、滂[p']	㊻ 普₃₇ 匹₃₃ 滂₄ 譬₁
（敷）	㊼ 芳₁₅ 敷₁₂ 撫₄ 孚₃ 披₃ 丕₁ 妃₁ 峯₁ 拂₁
三十四、並[b]	㊽ 蒲₃₀ 薄₂₂ 傍₅ 步₄ 部₂ 白₂ 裴₁ 捕₁
（奉）	㊾ 符₂₃ 扶₁₃ 房₁₁ 皮₇ 毗₇ 防₄ 平₃ 婢₁ 便₁ 附₁ 苻₁ 縛₁ 浮₁ 馮₁ 父₁ 弼₁
三十五、明[m]	㊿ 莫₆₅ 模₂ 謨₂ 慕₁ 母₁ 摸₁
（微）	51 武₂₄ 亡₁₃ 彌₁₁ 無₇ 文₄ 眉₃ 靡₂ 明₂ 美₁ 綿₁ 巫₁ 望₁

第四節 《廣韻》聲母和現代普通話聲母的比較

我們學習音韻學,學習古音,目的是古爲今用,不是爲學習音韻學而學習音韻學,不是爲古而古,一個重要的目的就是爲了更透徹地瞭解現代漢語的語音系統。我們通過《廣韻》音系與普通話語音系統的比較,可以從歷史上認識現代漢語語音結構的特點,瞭解現代漢語聲、韻、調的歷史來源,尋求古今語音變化的規律,從而更好地做好現代漢語的語音規範化工作。對方言區的人來說,還可以利用音韻學的知識,運用語音演變的規律,以尋求自己的方音和普通話對應關係,更好地學習掌握普通話。因此,進行語言歷史的比較研究是很重要的,這是音韻學的一個重要內容。下文即討論古今聲母的比較。請看《〈廣韻〉聲母與現代普通話聲母比較表》。

我們知道,現代漢語的聲母(包括零聲母)共有二十二個,即[p、p'、m、f、t、t'、n、l、ts、ts'、s、tʂ、tʂ'、ʂ、ʐ、tɕ、tɕ'、ɕ、k、k'、x、ø]。將《廣韻》的三十五聲母[①]與現代普通話的二十二聲母加以比較,我們可以看出二者之間的變化,最突出的有四點:

第一,全濁聲母的清音化。《廣韻》的三十五個聲母中,全濁聲母有十個,即並、定、澄、從、邪、崇、船、禪、群、匣,到現代普通話中都已演變爲清聲母。全濁聲母的清音化,是現代普通話聲母簡化的重要原因。

第二,知、莊、章三組聲母合流爲捲舌音[tʂ][tʂ'][ʂ]。

第三,精、見兩組聲母分化出新的舌面音[tɕ][tɕ'][ɕ]來。"精、清、星"的聲母和"經、輕、興"的聲母本來不一樣,前者爲舌尖音[ts][ts'][s],後者爲舌根音[k][k'][x],現已在同一條件下,都演變成舌面音[tɕ][tɕ'][ɕ]。

第四,零聲母的字大量增加。三十五個聲母裏,只有影母是零聲母,喻(以)母原是個半元音[j],帶點摩擦。有的學者主張將影母擬爲喉塞音[ʔ]。如此,《廣韻》中連一個零聲母也沒有了。但到了現代普通話,除了影母,喻(以)

---

① 下面表中的古聲母不止35個,唇音分爲重唇和輕唇,喻母分爲喻三和喻四,有的次序調整了,這是爲了便於古今比較。

母已變成零聲母,如"余、俞、移、夷、維、鹽、延、羊、盈"等字;匣母中的于類即喻₃,亦變爲零聲母,如"于、爲、違、尤、炎、袁、雲、王"等字;明母中分化出來的微母字,現在也讀零聲母了,如"無、微、晚、文、亡"等字;疑母字本來是念[ŋ]的,現在絕大多數也變爲零聲母,如"魚、吾、宜、危、嚴、顏、元、昂、迎"等字。因此,古代本有分別的字,現代普通話已讀成同音,如"微"(微)和"威"(影),"移"(喻₄)和"宜"(疑),"未"(微)、"畏"(影)、"胃"(喻₃)和"魏"(疑),"吾"(疑)和"無"(微)。

以上簡略地談了《廣韻》的三十五聲母和現代普通話的二十二聲母的不同,下面討論古今聲母的演變規律(參看《〈廣韻〉聲母與現代普通話聲母比較表》)。掌握這些規律對於我們瞭解古今音的對應關係,學好普通話,都是有幫助的。

古今聲母的演變規律,可以從兩方面來考察:一是從發音方法上,一是從發音部位上。在發音方法上最突出的一項就是全濁聲母的清化。從《廣韻》的三十五聲母到現在普通話的二十二個聲母,全清音、次清音和次濁音基本上保存下來了,只有全濁聲母一個不留地都變爲清音。《廣韻》的並、定、從、邪、澄、船、崇、禪、群、匣十個全濁聲母(如果將並母中的"(奉)"獨立出來則有十一個)。從發音方法上又可分爲三類:並、定、澄、群是濁塞音類,從、船、崇是濁塞擦音類,邪、禪、匣是濁擦音類。此三類清化的規律,並不完全相同。先看"塞音"。

並母本來是個濁塞音[b],而在今天普通話裏一部分字念成[p],如"棒、傍、薄",一部分字念成[pʻ],如"龐、皮、盤"。其演變規律是很明顯的,這就是:平聲字,現代變爲發音部位相同的送氣清音;仄聲字,變爲發音部位相同的不送氣清音(仄聲包括古代上、去、入三聲。比如"棒"字古代本是上聲字,現代念去聲;"傍"字古代和現代都念去聲;"薄"字古代本讀入聲,現代念平聲了)。

定母也是如此,它本來是個濁塞音[d],今天則是平聲字變讀爲清音送氣的[tʻ],如"堂、田、徒",仄聲字變讀爲清音不送氣的[t],如"宕、電、杜"。有個"肚"字的讀音很有意思,這個字北京話有兩讀:人的肚子義念去聲[tuº],動物的肚子義則念上聲[ºtu]。可是好些南方方言的讀音是不分的,不論是人肚還是動物的肚,大都念上聲。此字在《廣韻》裏有兩讀:當古切又徒古切,都屬上聲姥韻,但聲母不同。"當"是清聲端母,當古切,念上聲,這是動物之肚的"肚"字的北京音來源;"徒"是濁聲"定"母,徒古切則要變讀爲去聲,這是人肚之"肚"的北京音來源。南方方言區的人,不知此字的普通話用法讀音有區別,都按自己的方言類推,人肚、猪肚都讀上聲[ʰtu],因此鬧了笑話。

塞音澄、群兩母的演變規律也同並、定二母,例字請看聲母比較表。

關於全濁塞擦音。其清化規律基本上與塞音一樣。例如從母[dz],也是原平聲字,現在念成送氣的[tsʻ],如"才、存、慈、蠶",原仄聲字,現在念成不送氣的[ts],如"在、座、自、族",情況也是相同的。不過後來它們在發音部位上又發生了分化:

$$\text{tsʻ}\begin{cases}[\text{tsʻ}]才\\[\text{tɕʻ}]齊\end{cases}\qquad \text{ts}\begin{cases}[\text{ts}]在\\[\text{tɕ}]就\end{cases}$$

這在下文還要再討論。其他全濁塞擦音的演變規律與從母相同,不過它們發音部位同時也起了變化,即由舌葉音演變爲捲舌音。如崇母[dʒ]平聲讀[tʂʻ],如"鋤、柴、巢、讒、牀、崇",仄聲讀[tʂ],如"助、寨、棧、狀、鐲"。

船母[dʑ]平聲今讀[tʂʻ](如"船、脣")和[ʂ](如"神、繩、蛇"),仄聲今天多讀擦音[ʂ](如"甚、舌、實、順、術、剩、食、射、贖")。

從古濁聲母塞音和塞擦音的變化可以看出:現代普通話凡是讀送氣清音的,一般是這兩類中的平聲字,凡是讀不送氣清音的,一般是這兩類音的仄聲字。這表明聲調也是聲母變化的重要條件。

至於全濁擦音聲母,它們的變化比較簡單,就是演變成相應的清聲母。比如匣母本來讀濁音[ɣ],現代變成了[x],如"河、和、華、胡、孩、回、豪、侯、含、寒、桓、痕、魂、杭、黄、恒、弘、惑、禾、横、紅";但後來又分化了:"河"這類字的聲母仍是[x],而"霞、諧、奚、效、咸、閑、賢、玄、項、學、幸、形"一類字的聲母則變爲[ɕ],但分化以後還都是擦音。漢語的擦音一般是沒有送氣不送氣的區別的。邪母本來是[z],現在變成了[s],如"隨、似、寺、飼、遂、穗、松、誦、頌、俗"。不過也像匣母一樣,邪母後來也分化了,如"邪、徐、袖、尋、習、襲、涎、羡、旋、旬、巡、祥、像、席、夕、續"一類字的聲母變爲[ɕ];少數字還有演變爲塞擦音的,如"詞、辭"讀[tsʻ]，"囚"讀[tɕʻ]。禪母的變化也比較複雜，這從聲母比較表上可以看出。

此三類十個全濁聲母，在現代各地方言裏有種種不同情況。一般北方方言與普通話變化一樣，全濁塞音和塞擦音平聲送氣，仄聲不送氣。但在南方方言中，則有全部變爲送氣的，也有全部變爲不送氣的，如"爬""罷"二字都屬並母，一平一仄，廣東梅州的客家方言，全部變爲送氣的清音，"爬"念[˳pʻa]，"罷"念[pʻaᵒ]；而湖南的長沙湘方言，則全部讀爲不送氣的清音，"罷"念[paᵒ]，"爬"就念[˳pa]。另外有些方言基本上保存了古濁聲母，如吳方言和部分老湘方言（如邵陽市部分地區）。

《廣韻》的三十五個聲母發展到現代普通話，如若從發音部位上來考察，主要的變化現象也有三條。

（一）古重唇音分化出輕唇音，即從雙唇音中分化出唇齒音來，比如幫母[p]，分化爲[p]（兵）和[f]（分）；滂母[pʻ]分化爲[pʻ]（普）和[f]（芳）；並母[b]，分化爲[pʻ]（龐）、[p]（傍）和[f]（肥）。這就是說，大部分字保持了雙唇音，一部分演變爲唇齒音。唇音分化也是有條件的，基本的歷史事實是：在合口三等韻前變爲輕唇，而在其他韻前則仍讀重唇。根據《韻鏡》等韻圖，《廣韻》的合口三等韻有：東韻①（如"風、豐、馮、諷、鳳"）、屋韻（如"福、幅、腹、覆、服、伏"）、鍾韻（如"封、峰、逢、奉、葑"）、微韻（如"非、妃、肥、匪、尾、費、翡"）、虞韻（如"夫、膚、敷、俘、芙、扶、符、府、甫、斧、撫、父、腐、輔、付、賦、赴、附"）、廢韻（如"廢、肺、吠"）、文韻（如"分、芬、焚、墳、粉、糞、奮"）、物韻（如"紼、佛"）、元韻（如"蕃、番、翻、藩、煩、繁、反、販、飯"）、月韻（如"髮、發、伐、罰"）、陽韻（如"方、芳、房、紡、放"）、藥韻（"縛"）、凡韻（如"凡、帆、泛、范、犯"）、乏韻（如"法、乏"），共九個舒聲韻和五個入聲韻。此外，還有個"尤"韻（如"浮、否、婦、負、富、副"）。尤韻本來屬開口三等，後來其唇音字轉入虞韻，所以也符合這條規律。唇音的分化也是比較早的，大約從中晚唐起即公元九世紀之後就開始成系統地分化了。

（二）古代的見、精兩組聲母分化出[tɕ][tɕʻ][ɕ]來。就是說，現代的[tɕ][tɕʻ][ɕ]是從古代的"精、清、從、心、邪"和"見、溪、群、曉、匣"兩組聲母分化出

---

① 舉平以賅上、去。下同。

來的。精組五母由於濁音清化,只剩下精、清、心三母,讀[ts][ts‘][s];見組五母也清化爲見、溪、曉三母,讀[k][k‘][x]。後來舌尖前音精[ts]母字分化爲舌尖前[ts](增)和舌面前音[tɕ](精),舌根音見[k]母字分化爲舌根音[k](庚)和舌面前音[tɕ](經);同樣,清[tɕ‘]母字分化爲[ts‘](聰)和[tɕ‘](清);溪[k‘]母字分化爲[k‘](坑)和[tɕ‘](輕);心[s]母字分化爲[s](僧)和[ɕ](星);曉[x]母字分化爲[x](亨)和[ɕ](興)。到了現代,本來聲母發音部位不同的"精"(精母)和"經"(見母),"清"(清母)和"輕"(溪母),"星"(心母)和"興"(曉母)都分別合流了,即都念成[tɕiŋ][tɕ‘iŋ][ɕiŋ]。

這種發音部位的變化也是有條件的。這就是:古代精、見兩組聲母,凡在現代開口呼韻和合口呼韻前就保持[ts][ts‘][s]或[k][k‘][x]的讀音,而在齊齒呼韻和撮口呼韻前就變成了[tɕ][tɕ‘][ɕ]。也就是說,[k][k‘][x]和[ts][ts‘][s]都在[i][y]韻母或以[i-][y-]爲韻頭的韻母之前演變爲[tɕ][tɕ‘][ɕ],這在語音學上叫做"同化作用"。因爲[ts][ts‘][s]發音部位靠前,是舌尖前音,而[i][y]則是舌面前元音,二者拼合在一起,[ts][ts‘][s]受[i][y]的影響就往後靠,變成舌面前的[tɕ][tɕ‘][ɕ];而[k][k‘][x]的發音部位本是舌根音,與[i][y]相拼也被[i][y]所同化,就往前靠,也變讀爲[tɕ][tɕ‘][ɕ]。從歷史上看,見組的分化比起精組的分化要早一些。正因爲這樣,所以有些方言到現在,[k][k‘][x]聲母已分化出[tɕ][tɕ‘][ɕ]來了,如"經、輕、興"已念[tɕiŋ][tɕ‘iŋ][ɕiŋ],可是[ts][ts‘][s]在[i][y]前仍讀[ts][ts‘][s],沒有分化,如"精、清、星"念[tsiŋ][ts‘iŋ][siŋ]。這就是區分"尖團音"。在[i][y]前念[tɕ][tɕ‘][ɕ]叫"團音",不念[tɕ][tɕ‘][ɕ],而念[ts][ts‘][s]的叫"尖音"。普通話都念成[tɕ][tɕ‘][ɕ],所以不分尖團。大家從語音學上和現代漢語裏已懂得區分尖團音了,現在學習了音韻學,從歷史上則看得更清楚。不過在現代一些方言中,尖音團音的問題還是比較複雜的。

普通話的尖音的分化相當晚,十八世紀成書的《圓音正考》專門討論區別精、見兩組字,它只承認從見組分化來的[tɕ][tɕ‘][ɕ],不承認從精組來的[tɕ][tɕ‘][ɕ],要求人們將後者仍讀[ts][ts‘][s],即要求將尖團音區別開來。這也表明精組在十八世紀已開始分出[tɕ][tɕ‘][ɕ]來,但由於是剛發生的事,所以不爲《圓音正考》的作者所承認。現代京劇一般也要區分尖團,有的演員還要求很嚴格,比如説"小姐"二字,不念[ɕiau][tɕie],而念[siau][tsie],"思想起來"的"想"字,不念[ɕiaŋ],而念[siaŋ]。京劇演員除了區別尖團音,還要能辨析"上口字",這是他們很重要的一項語音訓練。不過現在對這種要求也有不同的看法。

(三)《廣韻》的知[ʈ]、章[tɕ]、莊[tʃ]三組音,合流爲現代捲舌音[tʂ][tʂ'][ʂ],這也是發音部位的變化。從《廣韻》聲母和普通話聲母比較表中看得很清楚,普通話[tʂ][tʂ']兩個聲母來自知組的知、徹、澄,莊組的莊、初、崇和章組的章、昌、船、禪。而[ʂ]來自莊組的生,章組的書和船、禪。具體地説,[tʂ]來自舌上清音知母(如"中、轉、帳、摘"),舌上全濁音澄母仄聲字(如"柱、陣、濁"),正齒清音莊母(如"箏、盞、壯、捉"),正齒全濁音崇母仄聲字(如"撰、助、鍘"),正齒清音章母(如"長、煮、照、粥"),以及正齒全濁音禪母仄聲個別字(如"植");[tʂ']來自徹母(如"抽、超、椿、撑"),澄母平聲(如"茶、除、潮、沉、呈"),初母(如"初、雛、釵、抄、窗"),崇母平聲(如"鋤、柴、愁、牀"),昌母(如"嗤、吹、川、春、赤"),船母平聲(如"船、唇、純"),禪母平聲(如"垂、蟬、臣、常、承、成");[ʂ]來自生母(如"沙、梳、師、山、霜"),船母(如"蛇、神、順、繩"),書母(如"舒、詩、燒、深、身、商")和禪母(如"社、時、受、善")。但從歷史上看,知、章、莊三組演變爲[tʂ][tʂ'][ʂ]不是同時的。我們知道,不論是三十字母中還是三十六字母中,都沒有章與莊的區別,這就是説,很可能是章與莊先合流爲照[tʃ],然後照再和知合流爲[tʂ]的情況,即:

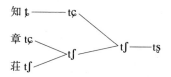

當然,從一些文獻材料來看,在唐代還發現有知和章先合流爲[tɕ],然後再和莊[tʃ]合流爲[tʂ]的情況,即:

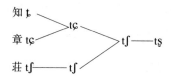

比如在敦煌文學作品抄本裏,就有將"知"寫成"支",將"諸"寫成"誅"的,即"知、支"同音,"諸、誅"同音,"知""誅"的聲母是知,而"支""諸"的聲母本是章。這可能表明在唐代西北方音裏是知和章先合流。可是唐宋中原地區及南方一帶,知、章兩組聲母仍然有區別。直到現代,有些方言裏知、章還是有區別的。比如江西某些方言裏,"知"還念[ṯi],"章"念[tɕiɔŋ]或念[tsəŋ]。這是從歷史材料或方言上來看的。但是從中原雅音(官話)來看,大約在南宋(公元十三世紀)時候,知、莊、章三組就已經合流了。但這也並不是突然都變成捲舌音,而是合流以後又重新組合。從《中原音韻》來看,它重新組合,只有一部分字先變成捲舌音,一部分仍念舌葉音[tʃ]。不過念捲舌音的,不完全是莊組字,章組字也有念捲舌音的,《中原音韻》的"支思"韻,有[ɿ][ʅ]兩個舌尖元音韻母,捲舌聲母[tʂ][tʂ'][ʂ]就是和舌尖元音[ʅ]同時產生的,如"支、枝、脂、之、芝、紙、旨、止、至、志、眵、侈、齒、翅、詩、施、師、時、史、使、矢、始、是、市、示、試、視"等。

練 習 五

一、查出下列字的《廣韻》聲類和聲母。

1. 天下事惟助人乃有真樂耳

2. 書到用時方恨少

二、辨析下列字的清濁(全清、次清、全濁、次濁)。

步 午 化 丘 道 温 葵 二
扇 修 陽 特 怒 術 延 芬

三、什麼叫做"尖團音"?你的方言裏能分別尖團音嗎?試舉例加以說明。

四、試述《廣韻》全濁聲母到現在普通話清音化的規律。

第五節 《廣韻》的韻母系統

本節講三個問題:第一,研究《廣韻》韻母的方法。第二,《廣韻》的韻類和韻母。第三,"等韻圖"對《廣韻》韻類韻母的分析。

一、研究《廣韻》韻母的方法

要瞭解《廣韻》的韻母系統,必須從分析它的韻類入手。我們知道,《廣韻》有二百零六個韻,其中平聲五十七,上聲五十五,去聲六十,入聲三十四。但是僅從這些韻目上是看不出《廣韻》的韻母系統來的。這是因爲"韻"不等於"韻母",這就是説,二〇六個韻並不等於二〇六個韻母。因此要瞭解《廣韻》的韻母系統,必須採取別的方法。那麼我們怎樣去考求《廣韻》的韻母系統呢?這與研究《廣韻》的聲母系統一樣,也要從分析其反切入手,現在研究《廣韻》的韻母,則要從分析它的反切下字所反映的韻類入手。我們知道,《廣韻》每個韻下都是用反切來表示它的每個小韻的讀音的。這些反切的上字就區別了它們的聲類、聲母,下字則反映了它們的韻類、韻母,所以如果一個韻下的反切下字不同類,那麼它們就屬於不同的韻類。陳澧的《切韻考》就是根據反切的原理,用系聯法考求《廣韻》的韻類的。他的基本方法與考求聲類相同,亦可分爲基本條例、分析條例和補充條例。

陳澧的基本條例是:"切語下字與所切之字爲叠韻,則切語下字同用者,互用者,遞用者,韻必同類也。"(《切韻考》卷一)比如東韻裏有"東"德紅切,"公"古紅切,"東"用"紅"作反切下字,"公"也用"紅"作反切下字,這就叫做同用一個反切下字,所以它們屬同一韻類。此爲"同用"例。又如"公"古紅切,"紅"户公切,"公""紅"互爲反切下字,因此"公"與"紅"同屬一個韻類。此爲"互用"例。再如"東"德紅切,"紅"户公切,"東"用"紅"作反切下字,"紅"又用"公"作反切下字,"東、紅、公"屬同一個韻類。此爲"遞用"例。這是基本的形式邏輯。根據這種系聯的方法,《廣韻》二〇六韻的反切下字,有的韻系聯爲兩類,有的韻系聯爲三類,最多的系聯爲四類,最少的僅有一類。就以東韻爲例,它共有三十四個小韻,共用了十個反切下字(據周祖謨《廣韻校本》),通過系聯,此十個反切下字可分爲兩類:一類是"紅$_{12}$、公$_2$、東$_2$"(切下字右下角的數字是出現的次數,下同);一類是"弓$_6$、戎$_5$、中$_3$、融$_1$、宫$_1$、終$_1$、空$_1$[①]"。此兩類之間無同用、

[①] 《廣韻》原本"豐,敷空切"。周祖謨《廣韻校本》:"案:……空字當是誤字。豐、空韻不同類,宜改作敷隆切。陳澧《切韻考》據二徐《説文》反語,正爲敷戎切,亦合。"(下册 19 頁)

互用、遞用的例證，系聯不起來，所以東韻有兩個韻類。

陳澧的分析條例很簡明，這就是："反切上字同類者，反切下字必不同類。"（卷一）例如："䓃"莫中切，"蒙"莫紅切，東韻裏的這兩個小韻都用"莫"作爲反切上字，這表明它們聲母不僅同類，而且相同，它們的反切下字"中"與"紅"必不同類。如果反切下字也同類，"䓃"和"蒙"就成了同音字，也就没有必要再分成兩個小韻了。

分析韻類的補充條例是根據"四聲相承"，此與分析聲類根據"又音""互見"不同。陳澧說："切語下字既系聯爲同類，然亦有實同類而不能系聯者，以其切語下字而兩兩互用故也。如朱、俱、無、夫四字，韻本同類。朱，章俱切，俱，舉朱切；無，武夫切，夫，甫無切。朱與俱，無與夫，兩兩互用，遂不能四字系聯矣。今考平上去入四韻相承者，其每韻分類亦多相承。切語下字既不系聯，而相承之韻又分類，乃據以定其分類。否則，雖不系聯，實同類耳。"（卷一）這裏的"切語下字既系聯爲同類"，是指一般情況，也就是說，可以用基本條例將其反切下字系聯起來。"然亦有實同類而不能系聯者，以其切語下字而兩兩互用故也。"這是說還有一種情況是實際上同類而不能系聯在一起的。爲什麼？因爲這兩類切語下字各有各自的互用，而兩類之間又相互系聯不起來。比如"朱、俱、無、夫"這四個字的反切下字，本是同韻類的，可是僅"朱"與"俱"兩兩互用，"無"與"夫"兩兩互用，而"朱、俱"與"無、夫"卻不能系聯在一起，其間沒有橋梁。既知道它們是同類而又系聯不到一起，怎麼辦呢？陳澧就用考證"四聲相承"的辦法來解決。"四聲相承"指平上去入四聲相配，如"東、董、送、屋"，"鍾、腫、用、燭"，入聲韻和陽聲韻相配，陰聲韻只有平上去三聲相配，如"支、紙、寘"，"虞、麌、遇"。"朱、俱、夫、無"屬平聲虞韻。通過系聯，可以知道，上聲麌韻僅有一類，去聲遇韻也僅有一類，根據四聲相承的原則，可以推斷平聲虞韻也很可能只有一類，"朱、俱"和"無、夫"雖然不能系聯在一起，實際上是一類。《廣韻》四聲相承的情況，可以參考《韻鏡》等早期的韻圖。戴震的《考定廣韻獨用同用四聲表》更清楚地反映了《廣韻》二〇六韻的四聲相承的具體情況。

陳澧通過系聯法，把《廣韻》平上去入二〇六韻的一一九五個反切下字，一共系聯爲三一一個韻類。有的韻只有一類，如通攝平聲冬韻、鍾韻，止攝平聲之韻；有的有兩類，如通攝東韻，止攝微韻；有的有三類，如果攝戈韻，假攝麻韻；而梗攝庚韻則有四類。

系聯的基本方法就是如此，但是《廣韻》的反切下字是比較複雜的，因此系聯起來不是每個韻都那麼順利，有時也會碰到一些問題。例如《廣韻》裏的唇音字就比較特殊，這是説聲母是"幫、滂、並、明"的反切下字，開合往往混用，即有時開口切合口，有時合口切開口。對於這種複雜的情況，歷來各家的處理則有所不同。比如庚韻"橫、盲、庚、行"四個小韻："橫"户盲切，"盲"武庚切，"庚"古行切，"行"户庚切。這裏"橫"用"盲"作反切下字，"盲"又用"庚"作反切下字，"庚"和"行"又互爲反切下字，看來似乎可以系聯爲同類。但是"庚"和"行"是開口字，而"橫"是合口字（因爲它在《廣韻》裏用爲合口字的反切下字，如"觥"古橫切，《韻鏡》亦將它放在外轉第三十四合），在現代一些方言裏"橫"字仍念合口，如漢口念[xuən]，蘇州念[huaŋ]，廣州念[uaːŋ]，福州念[xuaŋ]。"户盲切橫"表明盲與橫是同類。但"盲，武庚切"，可以用開口"庚"字作"盲"的反切下字，因爲"盲"是個唇音字，聲母是明母，它既可切合口字，又可被開口字所切。如果只單純運用系聯法來系聯反切下字，就會將"橫、盲、庚、行"系聯在一起，歸爲同一韻類，如此開合就不分了。但是從審音的角度就應將它們分爲兩類。所以對唇音字的開合問題處理不當，就會影響反切下字的分類。

另外還有一個重紐的問題，也曾關涉到反切下字的分類問題。什麼叫重紐？問題比較複雜。從現象來看，是指《廣韻》中支、脂、宵、真、諄、仙、侵、鹽、祭等一些所謂三等韻，其唇牙喉音字的反切下字有分爲兩類的趨勢，韻圖亦將它們分別排在三、四等上，所以實際上是三、四等同韻。對重紐的問題，歷來各家有不同的看法和不同的處理方法。正視重紐問題的，分類就多，無視重紐問題的，分類就少。這個問題，本教程亦暫不涉及。

正由於上述兩個問題，影響到對《廣韻》的反切下字分類的結果，各家存在着分歧。陳澧作《切韻考》，第一個用系聯法把《廣韻》的反切下字分爲三一一類。但這個結論並未爲後人所接受。周祖謨先生著《陳澧切韻考辨誤》，辨析了陳澧分類不當、不細之處，進而分《廣韻》反切下字爲三二四類。此外黄侃先生則分爲三三五類。同是據王仁昫《刊謬補缺切韻》，李榮先生著《切韻音系》

分爲三三四個韻類,而邵榮芬先生著《切韻研究》則分爲三二六類。但是也有學者分得比較少的,比如白滌洲先生用統計法分析了《廣韻》的聲類和韻類,其中韻類爲二九〇,不足三〇〇類。瑞典漢學家高本漢的《中國音韻學研究》,分析《廣韻》的反切下字亦爲二九〇類。王力先生的《漢語音韻學》與《漢語史稿》,基本上採用了高本漢和白滌洲的分類。白氏和高氏的分類,一個主要共同點,就是將重紐的問題排除在外,所以他們分出的韻類就大大地減少了。我們的"音韻學"是門基礎課,不希望將這個問題講得很複雜,也基本上採用高本漢二九〇個韻類的分法(參看《〈廣韻〉反切下字表》),不過我們增加了五類,共分韻類二九五個。

下面這個《〈廣韻〉反切下字表》,實際上已將《廣韻》的韻類、韻母、韻部及其擬音都包括進來了,要求同學們會看、會查、會用。這裏先簡略地解釋一下有關此表的基本格式(結構)。

1. 表中橫看第一欄用漢字"一、二、三……"標出的是《廣韻》的韻部數,共計六十一個韻部;第二欄用阿拉伯數字標出的是《廣韻》舒聲的韻母數共有九十一個韻母;第三欄是《廣韻》平、上、去三聲韻母的擬音;第四欄是《廣韻》平聲韻目"東、冬、鍾、江"等(上平二十八,下平二十九);第五欄是《廣韻》平聲韻的反切下字及其分類;第六欄是《廣韻》上聲的韻目,共五十五個;第七欄是《廣韻》上聲韻的反切下字及其分類;第八欄是《廣韻》去聲韻目,共六十個;第九欄是《廣韻》去聲韻的反切下字及其分類;第十欄是入聲韻母數,共五十一個韻母;第十一欄是入聲韻母的擬音;第十二欄是《廣韻》入聲韻目"屋、沃、燭、覺"等,共三十四個;第十三欄是《廣韻》入聲韻的反切下字及其分類。

2. 以平聲東韻的反切下字爲例,說明一下切下字的分類。東韻反切下字通過系聯分爲"紅、東、公"和"弓、戎、中、融、宫、終、空(隆)"兩類,排列爲兩行,"紅"類的韻母讀[uŋ],"弓"類的韻母讀[ĭuŋ]。反切下字右下角的阿拉伯數字,是指出現的次數,如"紅$_{12}$"即紅在東韻裏用作反切下字有十二次,沒有標出數字的,表示僅用了一次。

3. 反切下字表中個別字加上括號,這是借類。如上聲四紙"氏"類裏有個"彼"字,"彼"屬"委"類,可是"綺"墟彼切,"綺"是"氏"類。這是"委"類的"彼"

借用作"氏"類的反切下字(這也是脣音字開合混用造成的問題),所以加了一個括號。

二、《廣韻》的韻類和韻母

通過系聯,我們將《廣韻》二〇六韻的一一九五個反切下字(借用他類的不重計)歸納爲二九五類,計平聲八十三類,上聲七十六類,去聲八十五類,入聲五十一類。

但是,韻類不等於韻母。我們知道,韻類與韻母雖然都要求介音、主要元音和韻尾都相同,但韻類還要區別聲調,而韻母却不用區別聲調,或者説只要求辨析舒促就行。因此二九五個韻類,並不是説《廣韻》有二九五個韻母。

根據歸納韻母的原則,凡介音、主要元音和韻尾相同的韻類,依平、上、去相承歸爲一類,入聲單計一類,如此則可以將《廣韻》的舒聲歸納爲九十一個韻母,加上入聲五十一個,共計有一百四十二個韻母。平聲韻類本爲八十三,上聲爲七十六類,去聲爲八十五類,那麼爲何又能得出九十一個韻母呢?我們知道,根據四聲相承的一般原則,平聲一類,上聲、去聲也當相應各爲一類,《廣韻》平聲八十三類又爲什麼比上聲多出七類呢?這是因爲東韻上聲董韻,齊韻上聲薺韻,皆韻上聲駭韻,耕韻上聲耿韻,登韻上聲等韻,都比平聲少一類,而戈韻上聲果韻,則比平聲少兩類。舒聲九十一個韻母又是怎樣得出來的呢?這是因爲去聲多出"祭、泰、夬、廢"四韻,每個韻又各分兩類,即有八個,平聲八十三個加上這八個就是九十一韻類。那麼爲何去聲只有八十五類呢?這是因爲真韻去聲震韻,耕韻去聲諍韻,青韻去聲徑韻,登韻去聲嶝韻,都比平聲少一類,而戈韻去聲過韻,比平聲少兩類,一共六類。所以加上八類又減去六類則是八十五類。但計算韻母時必須顧及平上去三聲相承,所以是八十三加八等於九十一。舒聲九十一個韻母中陰聲韻四十個,陽聲韻五十一個,再加上五十一個入聲韻母,共是一四二個韻母。《廣韻》二〇六個韻,二九五類,一四二個韻母——這就是《廣韻》的韻母系統。

上文本章第一節介紹《廣韻》體例時曾指出,《廣韻》系統就是《切韻》系統,也就是説《廣韻》的聲母系統就是《切韻》的聲母系統,《廣韻》的韻母系統也就

續表

韻部數	韻母數	平上去擬音	平	反切下字	上	反切下字	去	反切下字	韻母數	入聲擬音	入	反切下字
四十三	65	ɑŋ	十一唐	郎₁₂當₂岡₂剛	三十七蕩	朗₁₇黨	四十二宕	浪₁₄宕	28	ɑk	十九鐸	各₁₅落₃
	66	uɑŋ		光₅旁黃		晃₄廣		曠₃(浪₂)謗	29	uɑk		郭₆博穫
四十四	67	ɐŋ	十二庚	庚₁₂盲₂行	三十八梗	梗₄杏₂打冷	四十三映	孟₆更₄	30	ɐk	二十陌	伯₆格₄陌₂白₃
	68	iɐŋ		京₃卿驚		影景(丙)		敬₆慶₂	31	iɐk		戟₅逆劇卻
	69	wɐŋ		橫₂(盲)		(猛₃)礦營(杏)		橫(孟)	32	wɐk		伯攫虢
	70	iwɐŋ		兵₃明榮		永₄憬		病₂命₂				
四十五	71	æŋ	十三耕	耕₄莖₆	三十九耿	幸₄耿	四十四諍	迸₄諍₂	33	æk	二十一麥	革₉核厄摘責戹(獲)
	72	wæŋ		萌₂宏₂					34	wæk		獲₁麥₂摑
四十六	73	iɛŋ	十四清	盈₃貞₂成₂征情并	四十靜	郢₉井₃整靜	四十五勁	正₉政₄姓盛鄭令	35	iɛk	二十二昔	益₉昔₅隻₂石₂亦₂積易迹炙辟(役)
	74	iwɛŋ		營₂傾		頃穎		(正)	36	iwɛk		役₃(隻)
四十七	75	ieŋ	十五青	經₆丁₂靈刑	四十一迥	挺₅鼎₄頂₂到醒涬	四十六徑	定₁₀徑佞	37	iek	二十三錫	歷₁₀擊₂激₂狄₂
	76	iweŋ		扃螢		迥₇			38	iwek		闃昊鶪
四十八	77	iəŋ	十六蒸	陵₁₂冰₃兢₂矜₂膺蒸乘仍升	四十二拯	拯₂庱	四十七證	證₉孕₂應₂餕₂甑	39	iək	二十四職	力₁₈職₃側即翼直極
									40	iwək		(逼₅)
四十九	78	əŋ	十七登	登₆縢₃棱增崩朋恒	四十三等	等₃肯	四十八嶝	鄧₇亙₂隥贈	41	ək	二十五德	則₅得₄北₂德₂勒墨黑
	79	uəŋ		肱₂弘					42	uək		或₂國
五十	80	iəu	十八尤	鳩₇求₅由₄流₃尤₂周₂秋₂州浮謀	四十四有	九₉久₉有₇柳₃酉₂否婦	四十九宥	救₁₈祐₅又咒副僦溜富就				
五十一	81	əu	十九侯	侯₁₃鉤₃婁	四十五厚	后₆口₄厚₂苟₂垢₂斗	五十候	候₁₀奏₃豆₂遘₂漏				
五十二	82	iəu	二十幽	幽₅虯₃彪₂烋	四十六黝	黝₂糾	五十一幼	幼₂謬₂				
五十三	83	iɐm	二十一侵	林₉金₅針₃深₂吟₂淫₂心₂尋今簪任	四十七寑	荏₄錦₄甚₂稔₂飲₂枕₂朕₂凛痒	五十二沁	禁₄鴆₂蔭₂任譖	43	iəp	二十六緝	入₁₀立₉及₄戢₂執₂急汲汁
五十四	84	ɒm	二十二覃	含₁₃南男	四十八感	感₁₃禫唵	五十三勘	紺₁₃暗	44	ɒp	二十七合	合₁₀荅₄閤沓
五十五	85	ɑm	二十三談	甘₇三₂酣₂談	四十九敢	敢₁₁覽₂	五十四闞	濫₅瞰暫蹔	45	ɑp	二十八盍	盍₁₃臘榼雜
五十六	86	iɛm	二十四鹽	廉₁₄鹽₃占₂炎₂淹	五十琰	琰₆冉₄檢₂染₂斂漸奄險儉	五十五豔	豔₉贍₂驗₃窆	46	iɛp	二十九葉	涉₇輒₄葉₅攝接
五十七	87	iem	二十五添	兼₈甜	五十一忝	忝₅玷₄簟	五十六㮇	念₁₀店₂	47	iep	三十帖	協₇頰₂愜牒
五十八	88	ɐm	二十六咸	咸₉讒	五十二豏	減₄斬₄鹻	五十七陷	陷₃韽賺	48	ɐp	三十一洽	洽₁₀夾₂図
五十九	89	am	二十七銜	銜₇監	五十三檻	檻₆黤	五十八鑑	鑑₄鑒懺	49	ap	三十二狎	甲₅狎
六十	90	iɐm	二十八嚴	嚴₄䤥	五十四儼	广₂埯	五十九釅	釅(欠₂)(劒)	50	iɐp	三十三業	業₄怯₂劫
六十一	91	iwɐm	二十九凡	凡芝	五十五范	犯₂錽范	六十梵	劒₂梵泛欠	51	iwɐp	三十四乏	法₅乏

是《切韻》的韻母系統。但是我們也介紹過，陸法言的《切韻》原本一九三韻，唐王仁昫的《刊謬補缺切韻》有一九五個韻，而《廣韻》是二〇六韻，即從《切韻》到《廣韻》相差十三個韻，《廣韻》比王仁昫的《刊謬補缺切韻》也多出十一個韻，那麼爲什麼還説《廣韻》系統是《切韻》系統呢？這是因爲，韻目並不等於韻類，也不等於韻母。韻目的增多並不意味着韻類和韻母的增多。我們説《廣韻》的韻母系統就是《切韻》的韻母系統，是説它們的韻母基本相同，而韻母相同的前提是反切下字反映的韻類數相同。比如屬於果攝的韻，《切韻》和《刊謬補缺切韻》僅有歌、哿、箇三個韻目，而《廣韻》增加了戈、果、過三個韻目。但考察一下各韻的反切下字就會發現，在《切韻》和《刊謬補缺切韻》中，歌韻有"何、禾、伽、靴"四個韻類，哿韻有"可、果"兩個韻類，箇韻有"箇、卧"兩個韻類，平上去合起來是三個韻八個韻類；再看《廣韻》，它的歌韻僅有"何"一類，哿韻只有"可"一類，箇韻也只有"箇"一類；而戈韻則有"禾、伽、靴"三類，果韻有"果"一類，過韻有"卧"一類，合在一起雖然韻目增加爲六個即歌、哿、箇和戈、果、過，但平上去三聲的韻類還是八個。這就是説，《廣韻》歌、戈雖然分成了兩韻，但是韻類還是四個，果、哿雖分成了兩韻，韻類還是兩個，箇和過雖分成了兩個韻，韻類也還是兩個。《切韻》和《刊謬補缺切韻》雖只有歌、哿、箇三個韻，却有八個韻類，韻類總數未變，因此韻母數亦相同，即《廣韻》和《切韻》的果攝都是四個韻母。

除歌韻外，還有真、寒、嚴等韻，綜録如下表：

韻書	《切韻》	《刊謬補缺切韻》	《廣韻》
韻和韻類數	歌$_4$ 哿$_2$ 箇$_2$	歌$_4$ 哿$_2$ 箇$_2$	歌$_1$ 哿$_1$ 箇$_1$ 戈$_3$ 果$_1$ 過$_1$
	真$_3$ 軫$_3$ 震$_2$ 質$_3$	真$_3$ 軫$_3$ 震$_2$ 質$_3$	真$_2$ 軫$_2$ 震$_1$ 質$_2$ 諄$_1$ 準$_1$ 稕$_1$ 術$_1$
	寒$_2$ 旱$_2$ 翰$_2$ 末$_2$	寒$_2$ 旱$_2$ 翰$_2$ 末$_2$	寒$_1$ 旱$_1$ 翰$_1$ 曷$_1$ 桓$_1$ 緩$_1$ 换$_1$ 末$_1$
	嚴$_1$ 業$_1$	嚴$_1$ 广$_1$ 嚴$_1$ 業$_1$	嚴$_1$ 儼$_1$ 釅$_1$ 業$_1$
合計	13 韻 29 韻類	15 韻 31 韻類	26 韻 31 韻類

就韻的總數來看，《廣韻》比《刊謬補缺切韻》多十一個韻，但是從韻類數來看，

基本上是一樣的。《切韻》還少了广(儼)、嚴(釅)兩個韻和兩個韻類,因爲字少,附在凡韻的上聲和去聲裏,實際上尚有這兩個韻類,只是未立韻目。《刊謬補缺切韻》比《切韻》多兩個韻,而比《廣韻》少十一個韻,但三部韻書的韻類是一致的。可見韻的增減並不影響韻類和韻母的增減,也就是說,只要韻類和韻母的數字不變,韻的增加和減少,並不會影響整個語音系統的變化。因此,可以說《廣韻》音系就是《切韻》音系,《廣韻》是屬於《切韻》系的韻書。

三、等韻圖對《廣韻》韻類韻母的分析

《廣韻》的二九五個韻類與一四二個韻母,是從其反切下字的分析考證中得出來的,但是這僅僅是個數字,對於它的實質還不清楚。我們看《〈廣韻〉反切下字表》,也知道有的韻只有一類,有的分爲兩類,有的分爲三類、四類,但是每一個韻的韻類之間到底區別在什麼地方,是開口與合口的不同,還是洪與細的區別?亦即是有沒有[i-]介音的區別,還是有無[u-]介音的不同?這些問題的解決就必須參考等韻圖。其實自陳澧以來,在分析《廣韻》反切下字以考求其韻類的時候,也都是參考了等韻圖的。下面即要具體地介紹等韻圖是如何通過對《廣韻》的反切下字進行分析,以考求它的韻類與韻母的。

在上文第二章中我們曾經談到過,等韻學是中國古代的語音學,而等韻圖則是等韻學裏的一個中心內容,它的性質實際上就是古代的聲、韻、調配合表。現在結合分析《廣韻》的聲母系統和韻母系統對等韻圖作進一步的介紹。先看等韻圖對《廣韻》的二○六個韻歸併爲十六個韻攝,這十六個韻攝是:

1. 通攝　包括《廣韻》的東、冬、鍾三個韻(舉平以賅上去入,即列出了平聲東韻,同時包括上聲董韻、去聲送韻和入聲屋韻,凡陽聲韻下同)。

2. 江攝　江

3. 止攝　支、脂、之、微(陰聲韻目賅上、去)

4. 遇攝　魚、虞、模

5. 蟹攝　齊、佳、皆、灰、咍、祭、泰、夬、廢(後四韻沒有相應的平上聲韻)

6. 臻攝　真、諄、臻、文、欣、魂、痕

7. 山攝　元、寒、桓、删、山、先、仙①
8. 效攝　蕭、宵、肴、豪
9. 果攝　歌、戈
10. 假攝　麻
11. 宕攝　陽、唐
12. 梗攝　庚、耕、清、青
13. 曾攝　蒸、登
14. 流攝　尤、侯、幽
15. 深攝　侵
16. 咸攝　覃、談、鹽、添、咸、銜、嚴、凡

十六攝中，就平聲韻來說，有的只有一個韻（江、假、深），有的有兩個韻（果、曾、宕），有的有三個韻（通、遇、流），有的有四個韻（止、效、梗），沒有五個或六個韻的攝，但有的攝有七個韻（臻、山）或八個韻（咸），蟹攝有九個韻，但其中祭、泰、夬、廢四個是去聲韻。如果將上、去、入聲韻加上去，各攝所包括的韻就要多得多。少則有三個韻，如假攝有麻、馬、禡三韻，最多的咸攝有三十二韻。

這種韻攝的歸併，是對《廣韻》的二〇六個韻的韻尾和主要元音分析的結果。因爲同攝，必須是韻尾相同，主要元音相近。如通攝"東冬鍾"三韻，韻尾都是[-ŋ]（相應的入聲韻尾都是[-k]），主要元音[u]（東）[o]（冬鍾）都是後高元音。又如蟹攝諸韻都收[-i]尾；流攝、效攝諸韻都收[-u]尾；而臻攝、山攝都收[-n]尾（其入聲韻收[-t]尾）；宕攝、曾攝、梗攝都收[-ŋ]尾（其入聲韻收[-k]尾）；深攝、咸攝都收[-m]尾（其入聲韻收[-p]尾），而果攝、假攝與止攝諸韻都是開尾韻。韻攝的歸併主要是根據韻尾相同。

十六攝的名稱則比較晚，大約首先見於宋元之間的《四聲等子》與《經史正音切韻指南》。早期的韻圖不分攝，僅稱"轉"。如《韻鏡》《七音略》都分四十三"轉"。"轉"就是輾轉相拼的意思，但是它也有"攝"的含義，因爲它將二〇六個韻合成四十三個"轉"，顯然有歸併之意。如《韻鏡》外轉第二十五開就把"豪、肴、宵、蕭"四個韻合併在一個圖中，實際上具有效攝的內容，只是尚無"攝"的

---

① 元韻依《廣韻》音系當屬臻攝。

名稱罷了。當然,從四十三"轉"到十六"攝"尚有差別,而且這個差別還較大。比如《經史正音切韻指南》把支、脂、之、微四個韻(舉平以賅上去)歸併爲止攝内二,開口與合口分爲兩圖。而《韻鏡》則將它們分爲七個圖(由内轉第四到内轉第十),其中支、脂、微三韻各分開、合二轉,之韻開口一轉。這種差別實際上是語音變化的反映。十六攝反映了宋元以後漢語語音的發展變化。後來曲韻"十三轍"就是在十六攝的基礎上進一步演變、歸併而成的。十六攝則是四十三轉的演變和簡化。

以上講的是等韻圖對韻尾的分析,下面談等韻圖對韻類與韻母的等呼分析。這是等韻圖更重要的一種作用。這裏主要介紹《韻鏡》對《廣韻》的韻類、韻母的等呼分析。《韻鏡》用開、合兩呼與一、二、三、四等分析《廣韻》的韻類與韻母。兩呼四等則是對《廣韻》音系的主要元音與韻頭做了科學分析的結果。例如平聲東韻,它的反切下字可以分爲"紅""弓"兩類。《韻鏡》内轉第一開(據考證,此"開"字可能爲"合"字之誤),東韻第一行的例字,都是用紅類作反切下字的(如"蓬"薄紅切,"蒙"莫紅切,"東"德紅切等等),第三行的例字又都是用弓類作反切下字的(如"風"方戎切,"中"陟弓切,"弓"居戎切等)。上文第二章第六節已介紹過,等韻圖的結構是四聲各分成四格,分別表示一、二、三、四等。這就是説,東韻的紅類屬一等,弓類屬三等。分析反切下字,僅知東韻分兩類,而等韻圖進一步指示我們,這兩類的區別就在於它們的"等"不一樣。那麼一等韻跟三等韻的區別又何在?我們知道,"公""弓"兩類同屬東韻,表明它們的主要元音和韻尾是相同的,它們又同在内轉第一合的圖中,表明它們同呼。那麼剩下的反切問題僅是有沒有[i]介音了。根據這一分析,並參照對音材料和現代方音,一等紅類當是[uŋ],三等弓類應是[ĭuŋ]。此處無[i]介音的韻類是"洪音",有[i]介音的爲"細音",因此一等和三等的區別也就是"洪"與"細"的區別。東韻的上聲董韻只有"孔"一類屬一等,沒有三等;去聲送韻有"貢""仲"兩類,"貢"類屬一等,"仲"類屬三等。"東董送"平上去三韻五個韻類分屬一、三等,即讀[uŋ]和[ĭuŋ]兩個韻母。入聲屋韻的反切下字有"木""六"二類,"木"類屬一等,"六"類屬三等。"屋"韻與"東董送"相配,其主要元音相同,韻尾亦相應,即"東董送"收[-ŋ],"屋"韻收[-k]。因此"屋"韻兩類亦即兩個韻母,即一等

[uk]與三等[ĭuk]。再如麻韻平聲的反切下字系聯爲"加""遮""瓜"三類(麻韻上、去聲二韻亦各分三類),在《韻鏡》中,它們分爲兩個圖:"加""遮"兩類在內轉第二十九開(這裏的"內轉"當是"外轉"之誤),"瓜"類在外轉第三十合,這說明"加、遮"二類與"瓜"類的區別在開、合口的不同。"加、遮"屬開口呼,"瓜"類屬合口呼。再看它們在韻圖上的地位,《韻鏡》第二十九開圖中,"加"類排在二等的地位上,"遮"類排在三等的地位上;《韻鏡》第三十合圖中,"瓜"類也排在二等的地位上。我們知道,開合之分是有無[u-]介音,二、三等是洪細的區別,細音有[i]介音,洪音無。據此,現代音韻學家於"加"類擬音爲[a],"遮"類擬音爲[ĭa],"瓜"類擬音爲[ua]。

　　上述例證都是說明同韻中各韻類的分等情况,此外,在等韻圖中還有一些不同韻之間亦有分等的關聯。比如《韻鏡》外轉第二十五開,包括豪、肴、宵、蕭四個韻,它們的反切下字各只有一類(豪爲"刀"類,肴爲"交"類,宵爲"遥"類,蕭爲"聊"類)。它們又同是開口。但豪韻"刀"類排在一等的地位上,肴韻"交"類排在二等的地位上,宵韻"遥"類排在三等的地位上,蕭韻"聊"類排在四等的地位上。它們既歸在一個圖中,表明它們同屬一個韻攝(雖然《韻鏡》尚無韻攝之名),韻尾是相同的,但是它們既不同韻,主要元音當然不一樣,這說明它們之間四等的不同就在於主要元音的差別上。據此,音韻學家將一等豪韻擬音爲[ɑu],二等肴韻擬爲[au],三等宵韻擬爲[ĭɛu],四等蕭韻擬爲[ieu]。一、二等爲洪音,三、四等爲細音。這就是等韻圖對《廣韻》中不同韻的分等情况及其作用。

　　根據《韻鏡》類等韻圖對《廣韻》韻母系統的分析,我們可以瞭解《廣韻》二〇六韻的二九五個韻類與一四二個韻母的音韻地位。亦可瞭解所謂"等呼"就是用來分析韻類韻母的介音和主要元音的。

　　在等韻學上,除了韻母分"等",聲母亦分"等"。比如正齒音照、穿、牀、審就分二、三等,即照₂、照₃、穿₂、穿₃、牀₂、牀₃、審₂、審₃。那麽爲何聲母也分"等"呢?這有兩方面的原因:第一是從聲、韻的配合關係上看,哪些聲母能與哪幾等韻相拼,就具有哪些等的概念。音韻學上就據此爲傳統的三十六字母分了"等"。比如幫、滂、並、明、見、溪、疑、曉、影、來十個聲母就是一、二、三、四等俱全的,因爲它們分别可與一、二、三、四等韻相拼;匣母則只有一、二、四等;端、透、定、泥只有一、四等;知、徹、澄、娘只有二、三等,非、敷、奉、微、群、禪、日七母則僅有三等。這是聲母分"等"的第一方面的原因。

　　聲母分"等"的第二個方面的原因,是爲了解决三十六字母跟三十五聲母的矛盾。我們知道,《廣韻》三十五聲母跟傳統的三十六字母既有不少相同之處,又有明顯的區别。但是等韻圖的作者在分析《廣韻》聲母系統時,又要用五音清濁或三十六字母去描述,因而就出現了矛盾,遇到了困難。比如《廣韻》音系有正齒音章組(章、昌、船、書、禪)和莊組(莊、初、崇、生)兩套聲母,但在三十六字母裏正齒音僅有照組(照、穿、牀、審、禪)一套,而等韻圖的作者却又只用三十六字母中的照組這一套字母去描述《廣韻》三十五個聲母中的章、莊組兩套聲母。這自然會産生矛盾。那麽如何去解决這一矛盾呢？等韻圖的作者即在"齒音"一欄下做出硬性的規定:正齒音照、穿、牀、審排在二等的地位上的表示《廣韻》莊、初、崇、生一組聲母,照、穿、牀、審、禪排在三等的地位上的就表示章、昌、船、書、禪一組聲母,所以表示莊、初、崇、生的照組字母叫做照₂、穿₂、牀₂、審₂,而表示章、昌、船、書、禪的照組字母叫做照₃、穿₃、牀₃、審₃、禪,這是照組字母分二三等的緣由。

　　又精組(精、清、從、心、邪)聲母,韻圖的作者也給它做了硬性的規定:在三十六字母中精組和照組都屬於齒音(正齒照、穿、牀、審、禪,齒頭精、清、從、心、邪),而在韻圖中齒音一欄裏二、三等的地位已給了正齒照組:二等的地位上是照₂、穿₂、牀₂、審₂,三等的地位上是照₃、穿₃、牀₃、審₃、禪,那麽齒頭音精組就只好排在一等和四等的地位上了。

	發音部位	齒	音			
聲調	清濁	全清	次清	全濁	清	濁
平	一等	精	清	從	心	
	二等	照₂	穿₂	牀₂	審₂	
	三等	照₃	穿₃	牀₃	審₃	禪
聲	四等	精	清	從	心	邪

所以精組五個聲母只有一、四等,這也是韻圖的作者硬性規定的。但是精組和照組還有所不同:照組分爲二、三等確實是兩套聲母(即莊組[tʃ]和章組[tɕ]),而精組分一、四等則僅爲一套聲母[ts]。

此外喻母有三、四等,也是韻圖的作者硬性規定的。從《廣韻》三十五聲母來看,喻₃(即"于"類)歸匣母,只有喻₄("以"類)是獨立的。但在三十六字母裏却只用一個"喻"字來表示。它既表示歸於匣母的喻₃,又表示獨立的喻₄。

爲了區別它們,韻圖的作者即將喻母字分別排在三、四等的地位上。三等地位上的喻母字表示"于"類即喻₃,四等地位上的喻母字表示"以"類即喻₄。

韻圖的作者硬性賦予齒音與喻母以等的概念,基本上解決了傳統三十六字母和《廣韻》三十五聲母之間的矛盾,但是由於將《廣韻》齒音三套聲母置於一欄之中,又產生其聲母之間的一些新的矛盾。這又是爲何?原來,照₂(即莊、初、崇、生)組聲母,不僅可以與二等韻相拼,而且還可以與三等韻相拼。那麽當照₂組與二等韻相拼的時候,聲母與韻等的地位是一致的;但當它們跟三等韻相拼時,即產生了矛盾。因爲三等的位置已經安排了照₃組聲母(章、昌、船、書、禪),因此只得遷就聲母放在二等的地位上。結果從韻母的角度看,三等韻被放在二等的地位上,所以又出現一個新矛盾。請看實例(參看上文 53 頁《韻鏡》內轉第一圖)。

我們知道,東韻的反切下字系聯的結果有兩類,即"紅"[uŋ]類和"弓"[iuŋ]類。韻圖中東韻欄內排在第一行的(如唇音"蓬、蒙",舌音"東、通、同",牙音"公、空、崆",齒音"葼、怱、叢、摐",喉音"翁、烘、洪",半舌音"籠"),就屬一等"紅"類韻母。排在第三行的(如唇音"風、豐、馮、瞢",舌音"中、忡、蟲",牙音"弓、穹、空、䓖",齒音"終、充",喉音"雄",半舌音"隆",半齒音"戎")就屬三等"弓"類韻母。既然東韻的反切下字只有一等和三等兩類,那麼爲何在二等的地位上還有個齒音"崇"、四等的地位上還有齒音"嵩"與喉音"融"呢?很顯然,這並非"崇、嵩、融"等字在韻母上越出一等或三等,而是因爲它們的聲母有所不同。齒音二等地位上的"崇"字,《廣韻》注"鋤弓切","鋤"屬照₂組的全濁音牀₂即崇[dʒ]母,"弓"屬三等"弓"類韻母[iuŋ]。按照韻母,"崇"字該排在三等的地位上,但是三等的地位上如前所述已確定爲照₃組,其全濁音是牀₃即船

[dʑ]母。雖然東韻沒有牀₂母字(此處是個空位),但"崇"字仍不能置於那個位置上。因爲如果放在那個位置上,聲母就不一致了。所以爲了遷就聲母,只好將"崇"字放到二等牀₂的地位上,從韻母的角度來看,"崇"字不是真正的二等,所以音韻學上就將等韻圖上"崇"字類的韻母實屬三等的二等字,叫做"假二等"。

　　再看圖中的"嵩"字,《廣韻》注"息弓切","息"屬精組清音心[s]母,"弓"屬於三等"弓"一類韻母。那麼既然"嵩"字是三等韻,爲什麼它又排在四等的地位上而不排在三等的地位上呢?這也是因爲三等的地位上已規定爲照₃組字,其清擦音是審₃即書[ɕ]母,如果把"嵩"字放在三等清擦音的位置上,聲母也就不一致了。爲了遷就聲母就將"嵩"字放在四等的地位上①,從韻母的角度看,它不是真正的四等,所以它被叫做"假四等"。

　　再看喉音"融"字,《廣韻》注"以戎切","以"是屬喉音次濁喻₄[j]母,"戎"屬三等"弓"類韻母。"融"字被排在四等的地位上,也是由於遷就聲母②,所以從韻母的角度來看,"融"字也是"假四等"。

　　同樣,等韻圖中去聲送韻欄二等"剿"字,入聲屋韻欄二等"縬、珿、縮"三字,也是"假二等",又屋韻欄四等"蹙、鼀、歠、肅"與"育"字也是"假四等"。

　　《切韻指掌圖》與《韻鏡》不大相同。《韻鏡》和《七音略》是一類韻圖,它們主要是分析《廣韻》的聲韻系統的,而《切韻指掌圖》則根據當時的語音系統已做了一些調整、歸併,屬另一類等韻圖。同時圖中聲韻的表示方法也有些不一樣,《韻鏡》用"五音""清""濁"表示聲母系統,而《切韻指掌圖》則直接用三十六字母(見母開始,日母結束),因此結構也有些變動。《韻鏡》的齒音僅一欄,包括三組聲母,一、四等爲精組,二等是莊組,三等是章組。而《切韻指掌圖》分兩欄,精組單獨一欄排在一、四等(二、三等無字無音,空着),照組另佔一欄排在二、三等(一、四等的地位上也空着),舌音端、知二組也是如此分爲兩欄。韻母方面,《韻鏡》東、冬、鍾三韻分兩個圖,而《切韻指掌圖》則將東、冬、鍾合爲一圖,即東韻一等跟冬韻(僅有一等)合在一起,東韻三等和鍾韻(僅有三等)合在

---

① 精組聲母被規定在一、四等,一等已有"㚇"(蘇公切)字。
② 三等的地位本是喻₃,但《韻鏡》誤排了一個"肜"字,"肜""融"本是同一小韻字。

一起。這就是説，《切韻指掌圖》的第二圖雖有東、冬、鍾三個韻目，實際上亦只有兩個韻母，即一等[uŋ]與三等[ĭuŋ]。但由於它將精組仍排在一等和四等的地位上，將照組排在二等和三等的地位上，所以當三等韻母[ĭuŋ]與精組相拼時，也只能遷就聲母放在四等的地位上；當三等韻母和照組二等(即莊組)拼合時，也只能排在二等的地位上，仍有假四等和假二等。可見《切韻指掌圖》雖進行了改革，但仍受早期韻圖的影響，改革不可能徹底。中國社會科學院語言所編的《方言調查字表》就比較科學，完全解決了假二等、假四等的問題。

　　以上講的是聲母分等的兩方面的情況及其原由，現在再來介紹一下《廣韻》二〇六韻的分類分等情況。請看下表：

　　一等韻：歌哿箇；模姥暮；咍海代，灰賄隊，泰；豪晧号；侯厚候；覃感勘合，談敢闞盍；寒旱翰曷，桓緩換末；痕很恨，魂混慁没；唐蕩宕鐸；登等嶝德；冬宋沃。

　　二等韻：皆駭怪，佳蟹卦，夬；肴巧效；咸豏陷洽，銜檻鑑狎；山産襇黠，刪潸諫鎋；江講絳覺；耕耿諍麥。

　　三等韻：魚語御，虞麌遇；祭，廢；支紙寘，脂旨至，之止志，微尾未；宵小笑；尤有宥，幽黝幼；鹽琰豔葉，嚴儼釅業，凡范梵乏；侵寑沁緝；仙獮線薛，元阮願月；真軫震質，臻櫛，欣隱焮迄，諄準稕術，文吻問物；陽養漾藥；蒸拯證職；清静勁昔；鍾腫用燭。

　　四等韻：齊薺霽；蕭篠嘯；添忝㮇帖；先銑霰屑；青迥徑錫。

　　一、三等韻：戈果過；東董送屋①。

　　二、三等韻：麻馬禡；庚梗映陌。

　　下面再討論《廣韻》的二〇六韻爲何要分等？這是由於《廣韻》的韻母系統比較複雜，"等"就是對《廣韻》韻母系統的"洪細"即元音的高低前後進行分析。等韻圖首先將《廣韻》的韻類、韻母區分爲開合兩呼。同是開口或同是合口又分爲一二三四等，即開口一二三四等、合口一二三四等。一二等韻是"洪音"即元音比較後比較低的，三四等是"細音"即元音比較前比較高的。例如山攝開口寒[ɑn]、删[an]、仙[ĭɛn]、先[ien]四韻，一等寒韻，主要元音爲後低元音[ɑ]，

---

① 其中果、過和董韻只有一等。

二等刪韻,主要元音[a]雖然比較前,但還是個低元音,三等仙韻主要元音[ɛ]是個比較前的半低元音,而四等先韻的主要元音[e]則是個半高的前元音。同時一、二等和三、四等的區別還在於有無[i]介音。[i]本是個前高元音。所以等韻圖關於等呼的分析是我們瞭解複雜的《廣韻》韻母系統的重要依據,也是現代音韻學者構擬古音的一個重要根據。

爲了從現代語音學上去認識"等"的含義,掌握《廣韻》二〇六韻的分等情況,可以參考前面《〈廣韻〉反切下字表》的擬音系統。一般來說,首先要看有無[i]介音,即一、二等沒有[i]介音,三、四等有[i]介音。其次再觀察主要元音:一等韻的主要元音是[ɑ][ɒ][o][u][ə]等五個,二等韻的主要元音是[a][æ][ɐ][ɔ]等四個,三等韻的主要元音是[ɛ]與[ě],四等韻的主要元音是[e]。

但是一、二等韻的主元音前如果有了一個[ǐ]介音,則屬於三等韻,例如[ǐuŋ]是"東"韻三等,[ǐa]是"麻"韻三等。所以從元音分辨"等"並不太複雜。《廣韻》音系中真正的四等韻只有齊、先、蕭、青、添五韻(舉平以賅上去入,下同),韻圖上的其他四等字都是假四等;真正的二等韻只有麻₂①、皆、佳、夬、肴、山、刪、江、庚₂、耕、咸、銜等十二韻,韻圖上其他二等字也都是假二等。

另外還可以從聲、韻配合的關係上來看韻母分等的情況。在《廣韻》音系裏,也不是所有的韻母都可以與所有的聲母相拼的,因此,哪些韻能和哪些聲母相拼,也表現出韻母四等的特點。比如一等韻與四等韻,只能和三十五聲母中的"幫滂並明、端透定泥來、精清從心、見溪疑曉匣影"等十九個聲母相拼;二等韻只能和"幫滂並明、泥來、見溪疑曉匣影、知徹澄、莊初崇生"等十九個聲母相拼;三等韻則可以與除"端透定"以外的三十二個聲母相拼。這個問題也是很有意思的,但比較複雜。如果想進一步瞭解這個問題,可以參考丁聲樹、李榮兩位先生撰寫的《漢語音韻講義》(載《方言》雜誌1981年第四期,單行本已由上海教育出版社出版)。

練 習 六

一、用系聯法分析《廣韻》東韻、麻韻、庚韻的反切下字,求出它們的類別。

---

① 麻、庚二韻兼有二三等,這裏只列其二等,故在麻、庚右下邊加一小"二"字。

二、查出下列字的《廣韻》韻類、韻母和等呼。

1. 論韻宜詳洪與細,審音應辨輕和重

2. 百川東到海,何時復西歸

三、試述《廣韻》二〇六韻的分等情況。哪些韻攝四等俱全？哪些韻攝四等不全？

四、從《韻鏡》裏查出下面諸音韻地位的代表字。

1. 外轉第二十五開豪韻一等牙音清

2. 外轉第二十一開山韻二等齒音清

3. 內轉第三十七開尤韻三等半舌音清濁

4. 內轉第七合旨韻三等齒音清

5. 外轉第十六合泰韻一等喉音濁

6. 內轉第四開支韻三等舌音清

7. 內轉第三十八合侵韻三等喉音清

第六節　《廣韻》韻母和現代普通話韻母的比較

通過上文的分析,已知《廣韻》一共有一四二個韻母。而現代普通話有三十七個韻母,這就是：

開	齊	合	撮
ㄭ、ɿ、ɚ	i	u	y
a	ia	ua	
o		uo	
ɤ	ie		ye
ai		uai	
ei		uei	
au	iau		

續表

開	齊	合	撮
əu	iəu		
an	ian	uan	yan
ən	in	uən	yn
aŋ	iaŋ	uaŋ	
əŋ	iŋ	uŋ	yŋ

古今韻母的異同，反映在《〈廣韻〉韻母與現代普通話韻母比較表》之中。

《廣韻》有陰聲韻、入聲韻和陽聲韻三類，現代普通話只有陰、陽兩類韻母。普通話的陰聲韻既來自古代的陰聲韻，又來自古代的入聲韻，古今韻母比較表（一）（二），每個表的左邊列的是《廣韻》的韻母，以韻攝、韻目、開合四等來表示，上邊是現代普通話韻母，用國際音標標出。表（一）是《廣韻》果、假、遇、蟹、止、效、流七個陰聲韻攝，比如《廣韻》果攝開口歌韻一等到現代普通話中已變爲[ɤ]韻母（如"哥、何、俄、個"）和[uo]韻母（如"多、沱、羅、左、我"），僅個別字仍讀[a]韻母（如"他"）；戈韻開口三等則變成[ie]韻母（如"茄"）；合口戈韻一等現代有讀[ɤ]韻母的（如"科、禾、訛"），有讀[o]韻母的（如"婆、波、頗、磨"），還有讀[uo]韻母的（如"朵、騾、坐、火"），戈韻合口三等則讀[ye]韻母（如"靴、瘸"）。這是橫着看比較表，即看古韻到今韻的變化；我們還可以竪着看，即從今韻看它的古韻來源。比如現代普通話[ɿ]韻母，它的來源比較簡單，來自《廣韻》止攝開口支韻三等、脂韻三等和之韻三等三個韻母。而[ʅ]韻母的來源就比較複雜，它不僅來自止攝開口的支₃、脂₃、之₃三個韻母（如"知、遲、士"），又來自蟹攝開口祭₃、廢₃兩個韻母（如"滯、制、世"），而且還有來自入聲韻的，即深攝開口緝韻三等（如"執、濕、十"），臻攝開口質韻三等（如"秩、實、失、日"），曾攝開口職韻三等（如"直、職、食、識"），以及梗攝開口昔韻三等（如"擲、只、尺、石"）。我們知道，現代普通話裏已經沒有入聲韻，全部入聲韻字都分別轉入各陰聲韻了。

古今韻母比較表（二）是陽聲韻。《廣韻》的咸攝和深攝原來是收[-m]尾的,到了現代普通話中都變爲收[-n]尾的,與山攝、臻攝合流了。一般來說,咸攝併入山攝,深攝併入臻攝。宕、江、曾、梗、通諸攝都是收[-ŋ]尾韻,只是有的韻攝合併了,如宕、江合流,曾、梗合流,還有個別字原來收[-ŋ]尾的,現代普通話中已變爲收[-n]尾,如"貞、肯"。

《廣韻》有一四二個韻母,而現代普通話只有三十七個韻母,只及《廣韻》韻母數的四分之一,大幅度地簡化了。不僅普通話,現代各地方言的韻母數也沒有超過一百個的;有些南方方言雖然複雜,它們的韻母數也不及《廣韻》多。比如蘇州話,它的韻母只有四十九個,廣州話有五十三個韻母,潮州話有六十六個韻母,南昌話約有六十五個韻母,梅州客家話約有七十六個韻母。所以從韻母系統來看,像《廣韻》這樣複雜的,現代方言還沒有,但是如果從韻類角度,將《廣韻》和現代普通話及現代方言比較一下,那就不奇怪了。我們知道,韻類是要區別聲調的,同一個韻母,如果聲調不同,就要分爲幾個韻類,《廣韻》一四二個韻母,有二九五個韻類,而現代廣州話五十三個韻母中,舒聲韻(包括陰聲韻和陽聲韻)有三十六個,入聲韻十七個,但廣州話有九個聲調,其中舒聲調有六個(即平、上、去三聲各分陰陽),入聲調三個(上陰入、下陰入和陽入)。如此看來,廣州話實際上有二百多個韻類;潮州話有六十六個韻母,八個聲調,它的韻類可能超過三百。所以我們說,從韻類系統來看,《廣韻》音系並不太複雜。它的韻母雖然比較複雜,而韻類並不比現代方言多。但是現代普通話約有一百四十來個韻類,比起《廣韻》來,韻類却少了一大半,同樣是大量地簡化了。

因此,可以說,無論是從韻尾來看,還是從韻頭、韻腹來看,從《廣韻》的韻母到現代普通話的韻母,其總的趨勢是合流、歸併,是從複雜到簡化。例如效攝豪、肴、宵、蕭四韻的韻母分屬一、二、三、四等,主要元音都不同,到了現代普通話,合流爲[au]和[iau]兩個韻母了。豪韻字現代一律念[au],如"襃、袍、毛、刀、桃、勞、遭、操、騷、高、熬、豪、奧"等字;蕭韻字現代一律念[iau],如"刁、挑、條、遼、簫、澆、堯、幺"等字。肴韻和宵韻都分化爲[au]和[iau]兩個韻母,二等肴韻本來沒有[i]介音,它的牙喉音現代演變爲[iau],如"交、膠、教、敲、肴、孝"等字,而其唇舌齒音如"包、胞、泡、拋、茅、撓、罩、抄、巢、梢"等字仍讀[au];三等宵韻本來有[i]介音,但現代在捲舌聲母之後又失去了介音,念[au],如"朝、超、潮、昭、燒、少、紹、饒"等字,而"標、飄、瓢、苗、燎、焦、樵、消、驕、喬、嚻、妖、搖"等字則念[iau]。看來效攝雖有分化,但其古今演變的總趨勢是合流,即四個不同的主要元音合流爲一個,相近的主要元音大都合併了。效攝是這樣,其他各攝也大都如此。比方"山"攝,它的寒[ɑn],桓[uɑn],删[an][uan],山[æn][uæn],仙[iɛn][iwɛn],先[ien][iuen]等六個韻、十個韻母,到現代普通話裏合流爲四個韻母即開口[an]、齊齒[ian]、合口[uan]和撮口[yan]。此外,臻攝中的元韻,由於它的主要元音[ɐ],音色與[a]接近,所以很早也歸併到山攝裏了。在現代普通話中,元韻[iɐn,iwɐn]字也分別念[an](如"番、藩、煩、繁")、[ian](如"犍、言、掀、建")、[uan](如"晚、挽、萬")和[yan](如"原、源、冤、袁、援")了。類似效攝和山攝情況的尚有咸攝、宕攝與江攝。此外,遇、蟹、止各攝的韻母演變也主要是合流。

只有果、假二攝從《切韻》時代到現代普通話,它們的主要元音的變化則主要是分化而不是合流。比如假攝所屬一個麻韻(上聲馬、去聲禡)有三個韻母[a][ia][ua],它的主元音只是一個[a],到了現代普通話裏,有念[a]的(如"巴、爬、麻、拿、茶、查、叉、沙");有念[ia]的(如"家、加、牙、廈、霞、雅、丫");有念[ua]的(如"瓜、夸、花、華、划、蛙");還有念[ɤ]的(如"遮、車、蛇、奢、賒、惹");還有念[ie]的(如"些、邪、斜、姐、耶、爺")。主元音分化爲[a][ɤ][e]三個,韻母增加到五個。果攝也是如此,《廣韻》果攝只有歌、戈兩韻,[iɑ][ɑ][uɑ][iuɑ]四個韻母,它們的主元音是一個後低元音[ɑ],但到了現代普通話裏,有念[ɤ]的(如"歌、戈、河、何、科、訛"),有念[o]的(如"波、玻、坡、婆、磨"),有念[uo]的(如"多、拖、駝、挪、羅、搓、梭、橢、過、火、倭"),還有念[ie]的(如"茄")、念[ye]的(如"瘸、靴"),個別的字尚有念[a]的(如"他"),韻母增加到六個,主元音分化爲[ɤ][o][e][a]四個。

在此十六攝的古今比較表中,可以瞭解除了假、果二攝以分化爲主外,其他各攝都是以合流爲主。主要元音的合流就意味着各韻攝裏所屬的韻和韻母減少了,有的是兩個韻攝合併了(如江攝和宕攝,曾攝和梗攝),結果原來的韻攝實際上已演變爲韻部了。因此現代漢語只講"韻母"和"韻部",而不需用"攝"的概念了。《廣韻》十六個韻攝,二〇六個韻和六十一個韻部(如果入聲獨立,就有九十五個韻部),一四二個韻母,到現代普通話中,已簡化爲三十七個韻母,十八個韻部了。"現代詩韻"一般也只分十八個韻部。這十八個韻部就是:麻部[a]、歌部[ɤ]、波部[o]、齊部[i]、支部[ɿʅ]、兒部[ɚ]、魚部[y]、模部[u]、微部[ei]、皆部[ie]、哈部[ai]、豪部[au]、侯部[əu]、寒部[an]、痕部[ən]、唐部[aŋ]、庚部[əŋ]和東部[uŋ]。實際上詩歌押韻並沒有這麼嚴,分得沒有這麼細,往往波部和歌部可以互押,支部、兒部可以跟齊部通押,新詩中還有魚部和齊部相押的。又庚部和東部也可以合爲一部,如根據現代詩歌的實際用韻,現代漢語可以歸併爲十三部,與近代的"十三轍"差不多。現代京劇、曲藝用韻一般都依十三轍,即中東、江陽、衣期、姑蘇、懷來、灰堆、人辰、言前、梭波、麻沙、乜斜、遙迢、由求,押韻比較寬,甚至"中東"和"人辰"可以通押,這從音系上看是不合理的。

　　再說元音的分化都是有條件的,比如前邊講的果攝開口一等歌韻,到現代普通話裏有念[ɤ]韻母的,有念[uo]韻母的,分化的條件就是由於聲母的不同,一般說來是在牙喉音聲母後面歌韻字就念[ɤ],如"哥、可、俄、河、阿",在舌齒音聲母後面就念[uo],如"多、拖、羅、左、搓"。"我"是疑母字,屬牙音,現代念[uo]是個例外。但現代某些方言於所有的牙喉音字都讀[o],如漢口話、成都話、長沙話;而上海話則多念[u];疑母"我"字也多保持[ŋ]的讀音。

　　其次,從韻尾上來比較古今的異同。《廣韻》音系的韻尾有三大類,即:

　　1. 收[-i][-u]——是元音韻尾。
　　2. 收[-m][-n][-ŋ]——是鼻音韻尾。
　　3. 收[-p][-t][-k]——是塞音韻尾。

到了現代普通話裏,從大類看,僅有元音韻尾和鼻音韻尾兩類而沒有塞音韻尾了。就元音韻尾來看,現代漢語微、哈二部是收[i]韻尾的,豪、侯二部是收[u]韻尾的。餘下麻、歌、波、齊、支、兒、魚、模、皆等九個陰聲韻部屬開韻尾,基本上與古音相當。只有皆部在古代許多字是收[-i]尾的,現代變爲開韻尾。再看收鼻音尾的陽聲韻,《廣韻》有收[-m][-n][-ŋ]三種韻尾的,在現代普通話裏只有收[-n](寒、痕二部)和收[-ŋ](唐、庚、東三部)的,而沒有收[-m]尾的了。北方話裏收[-m]尾的韻大約在十五六世紀就轉變爲收[-n]尾了。一般說,原來的山攝和咸攝合併爲寒部,原來的臻攝和深攝合併爲痕部。因此,在現代北方話裏"針"和"真"不分,"音"和"因"不分,"藍"和"蘭"不分了。

從《廣韻》到現代普通話,韻尾的變化最突出的是收[-p][-t][-k]尾的一大類入聲韻消失了。在《廣韻》十六攝中,咸、深、山、臻、曾、梗、宕、江、通等九個攝都有入聲韻,共計三十四韻,到現代普通話中,都已失去塞音韻尾,轉變到陰聲韻裏去了。這一變化大約在十四世紀就已經完成了。在歷史上可能還經歷過一個收喉塞音[-ʔ]韻尾的階段。如現代吳方言或山西晉方言的入聲韻尾那樣,但在普通話和許多北方方言裏,入聲韻都併入了陰聲韻,結果"屋"和"烏"不分,"結"和"街"不分,"夾"和"家"不分了。由此可見,韻尾的轉化和消失,也是使韻母系統簡化的一個重要原因。

第三,再從韻頭(介音)上來看古今的異同。《廣韻》分開、合兩呼,合口呼是以[u]爲主元音或韻頭的,開口呼則沒有[u]音,現代有開齊合撮四呼。但又由於《廣韻》韻母複雜,現代學者又給它的合口呼[u]介音區別爲元音性的[u](用於一等及二三等開合分韻的)和輔音性的[w](用於二三四等開合同韻的)。此外,《廣韻》音系的[i]介音也分緊[i](用於三等)和鬆[i](用於四等)兩類,因此古代的介音系統也比現代複雜得多(參看《〈廣韻〉反切下字表》的擬音)。

現代普通話的四呼,只有一個[i]介音(齊齒呼)和一個[u]介音(合口呼),古代的兩個[i]介音([i]和[i])已合爲一個,兩個[u]介音([u]和[w])也合爲一個了。但現代的撮口呼是以[y]爲主元音或介音的,它是由原來的[iu-]或[iw-]演變來的([iu-][iw-]實際上是一個複合介音)。從《廣韻》的開合四等來看,一般說來古代開口三四等演變爲現代的齊齒呼,合口三四等演變爲現代的撮口呼,合口一二等演變爲現代的合口呼,開口一二等就是現代的開口呼。但實際情況並不這麼簡單,比方說開口二等韻的牙喉音,到現代普通話裏就產生出[i]介音變爲齊齒呼,如"家、佳、皆、咸、江、眼、顏"等字,這些字現代有些方言裏還讀開口呼。就是在普通話裏,個別字在地名中還保留了沒有介音的讀法,比如"楊格莊""張各莊"的"格""各",實際上就是"家"字的音變。"家"的聲母本屬見母[k],韻母是個[a],由於讀輕音,就弱化爲

[ɤ],所以寫作"格"或"各"。

合口三四等變撮口呼也是有例外的。如果聲母是捲舌音,撮口呼就變成合口呼,比方"朱、書、如、專、船、春、純"等字。開口三等,在捲舌音聲母之後,要變成開口呼,比如"遮、車、昭、朝、占、然、珍、身"等字就屬於這種情況。所以説從古代的兩呼四等,到現代的四呼,其對應規律也是比較複雜的。可以參看《〈廣韻〉韻母與現代普通話韻母比較表》。

第七節　《廣韻》的聲調

《廣韻》的二〇六韻是按四聲分卷,以四聲爲綱的,所以我們知道《廣韻》音系有平、上、去、入四個調類,至於它的調值(實際音高)現在尚不清楚。本節主要討論的是《廣韻》的平、上、去、入四聲跟現代普通話陰、陽、上、去四聲的對應規律。《廣韻》四聲是怎樣演變爲現代普通話的四聲的呢?請看下面的《廣韻四聲與現代普通話四聲比較表》(表中及其後本節的例字有的是異讀或又讀)。此表左邊是《廣韻》的平、上、去、入四聲,上邊是現代普通話的陰平、陽平、上聲、去聲四聲。若從自古到今的角度看:古代的平聲字在現代普通話裏已念成陰平和陽平;古代的上聲字在現代普通話裏念成上聲和去聲;古代的去聲字在現代普通話裏全都念成去聲;古代的入聲在現代普通話中有的念陰平,有的念陽平,也有的念上聲,還有的念去聲,這從表中每類的例字都可以看得出來。

再從今溯古來看:現代普通話的陰平,來自古代的平聲和入聲;現代普通話的陽平,來自古代的平聲和入聲;現代普通話的上聲,來自古代的上聲和入聲;現代普通話的去聲,來自古代的上聲、去聲和入聲。

所以這個表歸結起來主要有三條:平分陰陽,濁上變去,入派四聲。這十二個字概括了《廣韻》的四聲到現代普通話聲調演變的實況。下面就分開來講一下。

《廣韻》四聲與現代普通話四聲比較表

廣韻 \ 現代普通話		陰平	陽平	上聲	去聲
平	清	邊飛丁知尊 三專開蒸剛			
平	濁		扶唐才陳寒 時麻難文人		
上	其他			粉體走展古 武女五老手	
上	全濁				倍婦坐斷似 柱葚社跪厚
去	全部				蓋變正對醉 共助大望用
入	全濁		白服食澤雜讀 合局俗十		
入	次濁				目物麥日月 入玉落額育
入	清	積出黑七 匹桌郭壓	急竹德菊覺 決福潔莢	筆百尺鐵 谷血角甲	必惕策攝 客作設栗

一、平分陰陽

古代的平聲現代普通話分化爲陰平和陽平。這個現象不僅是普通話,在現代漢語方言裏也是一個普遍的現象。只有少數的地區例外,如河北的灤縣、寧夏的銀川只有平、上、去三個聲調,它們的平聲是不分陰陽的;再比如山西的晉城方言,它有平、上、去、入四聲,可是它的平聲,僅相當於現代普通話的陰平,那些普通話讀陽平的字,在晉城方言裏與上聲讀成一個調類。

現代普通話和大多數方言,平分陰陽的條件都很明顯,即是按聲母的清濁來分化的:清音字讀成陰平,濁音字讀成陽平,清音包括全清和次清;濁音包括全濁和次濁。例如:

全清:幫(幫)、方(非)、當(端)、張(知)、相(心)、莊(莊)、章(章)、商(審₃)、香（曉）、央（影）；

次清：滂（滂）、芳（敷）、湯（透）、倉（清）、昌（昌）、康（溪）；

全濁：旁（並）、房（奉）、堂（定）、腸（澄）、藏（從）、常（禪）、強（群）、航（匣）；

次濁：忙（明）、囊（泥）、郎（來）、瓤（日）、昂（疑）、羊（喻₄）。

平分陰陽這種現象，在漢語語音史上產生的時間比較早，大約在唐代就開始了①，宋代的文獻材料也有這方面的反映，但是明確地把平聲分爲陰陽兩個調類，那是從元代（公元十四世紀）周德清的《中原音韻》開始的。

二、濁上變去

所謂"濁上"，只指全濁聲母的上聲字，次濁上聲不變。比如"尤"韻的"九、舅、有"，古代都是上聲字，到現代普通話裏只有"舅"字變成了去聲，這是因爲它是全濁"群"母字；而"九"是全清見母，"有"是次濁喻母，所以仍念上聲。

再看全濁上聲變去聲的例字：

並母：部、薄、罷、倍、被、婢、抱、鮑、鰾、辨、辯、辮、伴、笨、棒、蚌、並；

奉母：父、婦、負、阜、范、犯、憤、忿、奉；

定母：舵、惰、杜、待、怠、殆、弟、道、稻、淡、簞、誕、斷、盾、囤、蕩、動；

澄母：苧、柱、雉、痔、峙、趙、兆、肇、紂、朕、篆、丈、杖、仲、重；

從母：坐、聚、在、薺、罪、皂、造、漸、踐、盡、靜；

邪母：序、叙、緒、祀、巳、似、象、像；

崇母：士、仕、柿、撰；

船母：甚；

禪母：社、墅、豎、是、氏、市、恃、紹、受、甚、善、腎、上；

群母：巨、拒、距、技、妓、跪、臼、咎、件、鍵、圈、近、窘、菌；

匣母：禍、下、户、亥、駭、蟹、匯、浩、後、后、厚、撼、艦、旱、限、混、項、杏、幸。

但亦有少數例外，如"釜腐輔（奉）、挺艇（定）、緩皖（匣）"，仍念上聲；還有

---

① 參看周祖謨《關於唐代方言中四聲讀法的一些資料》，《語言學論叢》第二輯（1958），收入《問學集》上冊，中華書局，1966年。

個别變讀爲陽平的,如"揆(群)",但從大多數情況來看,全濁上聲變去聲這條規律是非常明顯的。

全濁上聲變去聲,大約在唐代(公元九至十世紀)就開始了,但是明確地將全濁上聲字與有關的去聲字視爲是同音字而編排在一起者,也是元代周德清的《中原音韻》。如在其《中原音韻》中"部"與"怖"同音,"道"與"到""盜"同音,"動"與"洞"同音,"踐"與"箭""賤"同音,"市"與"試""侍"同音,"旱"與"漢""翰"同音等。

三、入派四聲

現代普通話没有入聲字,古代入聲字,到了普通話裏都已分别轉到陰平、陽平、上聲、去聲去了,這就叫做"入派四聲"。

入派四聲亦有個過程:在《中原音韻》時期,只是入派三聲(陽平、上聲和去聲),並且有很强的規律性,即:全濁聲母變陽平,次濁聲母變去聲,清聲母變上聲。例如"白"(並)、"讀"(定)、"轍"(澄)、"舌"(船)、"絶"(從)、"涉"(禪)、"鋤"(崇)、"轄"(匣)、"掘"(群)、"習"(邪)等全濁聲母字,變讀陽平;"納"(泥)、"辣"(來)、"滅"(明)、"熱"(日)、"孽"(疑)、"越"(喻三)、"悦"(喻四)等次濁聲母字變讀去聲;而"筆"、"北"(幫)、"法"(非)、"匹"(滂)、"尺"、"赤"(昌)、"德"、"得"(端)、"塔"(透)、"質"(章)、"績"(精)、"七"(清)、"骨"、"吉"(見)、"客"(溪)、"室"、"失"(書)、"昔"(心)、"乙"(影)等清聲母字變讀上聲。其中全濁變陽平,次濁變去聲,自《中原音韻》到現代普通話,基本上是一致的。但《中原音韻》歸到上聲去的清聲母字,到了現代普通話裏,則有派入陰平的(如"八、郭、七、積、失、昔、結"),有派入陽平的(如"福、吉、德、得、革、節、結"),有派入去聲的(如"必、績、赤、質、室、客、岳、屑"),而仍讀上聲的(如"筆、谷、窄、角、渴、法、鐵"),比起《中原音韻》就少多了。此外原來的全濁入聲字和次濁入聲字到現代普通話裏也有了某些變化。例如"突"字,本屬全濁定母,《中原音韻》歸陽平是合乎規律的,但在現代普通話裏,它却讀成陰平了。又比如"淑"字,它本是全濁禪母字(《中原音韻》未收),按規律應念陽平,可是到現代普通話裏,它也念成陰平了。又如"拉"(來母)、"抹(桌子)"(明母),按規律當讀去聲(《中原音韻》就是入聲作去聲),而現代普通話也讀作陰平了。可以看出,《中原音韻》到現代普通話,入聲字派入陰平的從無到有,而且越來越多,而入聲派入上聲的字則越來越少了。比如在《中原音韻》裏,"桌、卓、琢、啄"(原屬全清知母)都是同音上聲字,可是到了現代普通話中,它們都不念上聲了。"桌"念陰平,"琢、啄、卓"念陽平。又如"節、接、楫、癤"(原屬全清精母),在《中原音韻》裏,也是入聲作上聲的一組同音字,但在現代普通話中"接、癤"讀陰平,"節、楫"讀陽平。此外,有的原入聲字在現代普通話裏還有異讀的情況,比如"踏"字,在"踐踏(徒盍切,本作'蹋')"和"踏(他合切)實"兩個語言環境裏,聲調就不一樣,前者念去聲,後者念陰平。對於方言區的人來說,普通話原入聲字的變調情況確乎比較難以掌握,因爲它沒有明確的規律可循,特別是來自清聲母的入聲字。

常用的古入聲字,大約有五百來個。這五百來個字,在現代普通話裏有將近二分之一變讀爲去聲;將近三分之一變讀爲陽平,其次是變讀爲陰平,約占百分之十五,最少的是變讀上聲,約占百分之六。所以現代已無入聲地區的人,怎麼掌握古入聲字是個問題。學習音韻學以後,可以根據所學的知識來判斷哪些是古入聲字。那麼,我們怎樣從現代普通話去推斷古代的入聲字呢?現代漢語課已講過一些,這裏再從音韻學的角度做點補充和解釋。

(一)聲母是不送氣的塞音和塞擦音而讀陽平的字,絕大多數來自古代入聲。所謂不送氣的塞音和塞擦音,就是指[p][t][k]和[ts][tɕ][tʂ]。例字如:

[p]:白、拔、跋、薄、雹、荸、別、蹩、勃、博、駁、伯、泊、舶、帛;

[t]:達、答、狄、笛、得、德、奪、鐸、敵、迭、諜、讀、毒、獨;

[k]:革、國、格、隔、閣;

[ts]:卒、賊、族、雜、鑿、足、則、澤;

[tɕ]:截、捷、疾、節、即、集、絕、及、籍、極、傑、局、菊、桔、結、袺、夾、急、吉、覺、決、掘;

[tʂ]:哲、轍、直、值、軸、濁、苎、逐、燭、嚼、竹、鍘。

我們知道,普通話裏的陽平字有兩個來源:一是來自古平聲,一是來自古入聲。由古代平聲來的陽平字,如果聲母是濁的塞音、塞擦音,一般都讀送氣清音(即[p'][t'][k'][ts'][tɕ'][tʂ'])。不送氣的陽平字只會來自仄聲,而仄聲中上聲和去聲極少變讀平聲的，所以只能來自入聲。掌握這條規律，則可以推斷約五分之一的常用入聲字。只有個別例外，如"弼"字本來是個並母入聲，按規律應念陽平，但在普通話裏，却讀成了去聲；又如"鼻"字，現代普通話念陽平，不送氣，可是此字在《廣韻》屬去聲"至"韻，毗至切，並母，按照規律當讀去聲，今念陽平，也不合規律。但是這種例外是個別的，可能另有原因。

（二）[ye]韻母的字大都來自古代入聲。如"虐、略、決、確、學、月、約、厥、絕、雀、穴、血"等。在常用字中只有"瘸、靴"二字例外，它們古屬舒聲戈韻。

（三）[uo]韻母和捲舌聲母相拼的字，來自古代入聲。普通話的[uo]韻母也有兩個來源，一是來自陰聲韻，一是來自入聲韻。但是來自陰聲韻（歌戈韻）的字沒有與捲舌聲母相拼的，而能與捲舌聲母相拼的則都來自入聲，如"酌、桌、琢、啄、捉、着、鐲、濯、濁、輟、拙、綽、戳、說、碩、溯、若、弱"等。

（四）[ɤ]韻母和古端、精二組聲母相拼的字，大都來自古代入聲。如"得、德、特、忒、慝、訥、勒、肋、樂、則、澤、擇、賾、側、策、塞、色、瑟"等。普通話的[ɤ]韻母也有陰聲韻和入聲韻兩個來源，而與"端、精"二組聲母相拼的字沒有來自陰聲韻的，只有來自入聲韻的。

（五）[ie]韻母和幫組、端組聲母相拼的字，來自古代入聲。如"憋、別、撇、滅、蔑、跌、蝶、迭、鐵、帖、捏、聶、列、烈、劣"等字。[ie]韻母也有兩個來源，一是來自咸、山二攝的四等入聲韻，一是來自假、蟹二攝中二三等舒聲韻。來自咸、山二攝入聲的，[ie]韻不僅可以跟牙喉音相拼，而且可以跟唇音幫組、舌音端組聲母相拼，而來自假、蟹二攝二三等舒聲韻（麻、皆、佳）的[ie]韻，只跟牙喉音（現代已演變爲[tɕ][tɕ'][ɕ]的）聲母相拼。

（六）聲母[f][ts][ts'][s]和[a]韻母相拼的字，來自古代的入聲。如"發、髮、法、伐、筏、罰、匝、擦、撒、卅、薩、颯"等字。[a]韻母也有兩個來源，一是來自古代陰聲韻（麻），一是來自古代的入聲韻，而跟[f][ts][ts'][s]四個聲母相拼的字（如"發、雜、擦、撒"），一般來自古代入聲韻。

（七）一些開韻尾（包括元音韻尾和無韻尾）的有文白兩讀，而又沒有意義上區別的，往往是入聲字。如"色"字，既念[sə]（文），又念[ʂai]（白）。又如

"澤、擇、角、脚、血、麥、脉、剥、削、薄、册、落、六、没"等字一般都有文白兩讀,屬於這一類。

以上七條都是從現代普通話的讀音來推斷古代的入聲字的。掌握這幾條規律,五百來個常用入聲字,絕大多數可以推斷出來。

此外,我們還可以從反面排除一大批非入聲字。肯定它們不是入聲字,可以縮小辨別入聲字的范圍。比如陽聲韻字,肯定不是入聲字。

又如普通話中念[tsɿ][tsʻɿ][sɿ]的字,都不是入聲字,因爲它們只是從止攝(支、脂、之三韻開口)精組來的,如"兹、資、姿、紫、子、字、自、雌、疵、慈、瓷、刺、次、賜、斯、私、思、絲、司、死、似"等等。

還有,念[uei][uai]韻的字,也基本上不是入聲字。因爲現代普通話的[uei]韻母和[uai]韻母,是從止、蟹二攝來的,一般沒有來自入聲的。僅有[uai]韻個別字例外,如"率"字。

除此以外,我們還可以利用形聲字的聲符來類推。如"合",《廣韻》是收[-p]的入聲字,那麼凡從"合"聲的"盒、答、閤、頜、鴿、塔"等字,也都是入聲,而且都是收[-p]的。又如"出",《廣韻》是收[-t]的入聲字,那麼凡從"出"聲的,如"拙、茁、詘、倔、崛、掘"等字,也都是入聲,而且都是收[-t]的。再如知道"讀"的聲旁"賣"(和"買賣"的"賣"不是一個字),《廣韻》是收[-k]的入聲字,那麼凡從"賣"得聲的"瀆、讀、櫝、犢、牘、黷"等字也都是入聲,而且都是收[-k]的。諸如此類的情況,大家都可以自己做些歸納,以幫助辨認和記憶哪些字古屬入聲,哪些字不是入聲。

練 習 七

一、從《韻鏡》中查出下列字的音韻地位。

　　大江東去浪淘盡千古風流人物

二、效攝、果攝和假攝各包括哪幾韻哪幾個韻母?今普通話有幾種讀法?舉例分析它們合流或分化的條件。

三、注出杜甫《江南逢李龜年》一詩的《廣韻》聲母、韻母等呼和調類。

　　岐王宅裏尋常見,崔九堂前幾度聞。

正是江南好風景,落花時節又逢君。

四、用國際音標注出下列字的普通話讀音,並説明它們在《廣韻》裏是不是入聲字,爲什麽?

截　説　位　缺　伐　而　秫　皮　及　次　鴨　薄

第八節　《廣韻》音系的構擬

古音的研究有兩個方面:一是音類的區分,一是古音的構擬或重建(reconstruction)。就《廣韻》的研究來説,根據《廣韻》的反切分析它的聲韻類別,考求它的聲母、韻母系統。這是我國傳統音韻學的主要內容。但這只是《廣韻》研究的一個方面。比如陳澧運用系聯法只是做了區分音類的工作,尚不知分出的聲類、韻類的實際讀音。清代古音學家段玉裁在研究上古音方面有一個很大的貢獻,他根據《詩經》押韻與諧聲字材料將古韻支、脂、之三部區分開來,但這三個韻部的區別到底在哪裏,它們在上古時代的音值是怎麽辨別的,直到逝世他也没有弄明白,他感到十分遺憾。他生前在致江有誥的信中説:"足下能知其所以分爲三乎?僕老耄,倘得聞而死,豈非大幸!"江有誥也解决不了這個問題,這是時代的局限,因爲傳統音韻學不懂得古音的構擬。

我們知道,等韻學中的等韻圖,是進行語音分析的,它們對《廣韻》的反切做了剖析,以"五音清濁"和"等呼"對《廣韻》音系的聲類、韻類進行了具體描寫,繪製成聲、韻、調配合表。但是等韻圖用不拼音的漢字做音標,後人看了還是讀不出實際音值來。而且它們是怎麽樣進行語音分析的,其根據和方法是什麽,都未加以説明。因此,等韻學雖然可以説是我國古代的語音學,也還談不上是真正的古音構擬。

真正的漢語古音的構擬或重建,是二十世紀初才開始的,那是在普通語言學從歐洲傳到中國來之後。自十九世紀起,西方語言學進入了一個新的發展時期,那就是運用歷史比較法研究語言的來源,尋求語言的親屬關係,研究語言的譜系,以建立科學的歷史語言學。他們首先研究了印歐語系。他們根據語言的演變規律和對應關係,運用歷史比較法,還重建起一個不見於古代文獻記載的"印歐母語"。後來又有人用這種語言歷史比較法,去研究其他語系,比如阿爾泰語系、烏拉爾語系、南亞語系、閃含語系、班圖語系和漢藏語系。瑞典的高本漢是將歷史比較法運用到漢語研究上來的一位有成就有影響的學者。他系統地構擬了《廣韻》語音。自1915年開始發表研究成果,到1926年完成了《中國音韻學研究》一書法文版,後來由趙元任、李方桂、羅常培三位先生翻譯成中文,1940年由商務印書館出版。趙先生等不只是進行了文字的翻譯,而且對原著做了重要的校訂和補充。

高本漢重建《廣韻》音系的材料根據,主要是《廣韻》的反切,並參考了陳澧的《切韻考》和宋元等韻圖,但他沒有見到《韻鏡》。他參考的等韻圖主要是《切韻指掌圖》,還有《康熙字典》書前所附的《字母切韻要法》,這兩種韻圖都根據當時的語音做了改動或調整,已非《廣韻》音系了。此外他還根據現代的方音和外語中的漢字借音——主要是日本、朝鮮、越南語中的漢字讀音。他一共運用了現代三十三種方言資料,其中二十四種是他自己在山西和西北地區調查到的,其他則是引用別人的資料,而這部分資料又多不可靠。這自然會影響到他的結論的準確性。趙、李、羅三位先生曾為他做了許多訂正工作。但是高本漢的著作和學說,不管是在中國還是在國際上,影響都很大。現代國內外許多有成就的音韻學家,大都不同程度地受到他的影響,先後在他研究的基礎上做了一些補充修訂工作。高本漢和現代一些音韻學家不僅將歷史比較法運用到《廣韻》音系的重建上,而且還運用到上古音的擬測上,亦取得了不少成果。

下面我們就構擬《廣韻》的聲母和韻母各舉一例,介紹一下古音構擬的方法。先看擬測聲母的例子(見母)。

例字	《廣韻》	北京	漢口	南昌	蘇州	廣州	福州	日本吳音	日本漢音	朝鮮	越南
干	寒開一	kan	kan	kɔn	kø	kɔn	kaŋ	kan	kan	kan	kaŋ
間	山開二	tɕian	tɕian	kan	tɕ / kɛ	kaːn	kaŋ	ken	kan	kan	ʐaŋ
建	元開三	tɕian	tɕian	tɕian	tɕ	kin	kyoŋ	kuan	ken	kən	kieŋ
見	先開四	tɕian	tɕian	tɕian	tɕ	kin	kieŋ	ken	ken	kien	kieŋ

歷史比較法就是通過對有關的各種語言或各種方言的比較,從歷史的演變規律上來看語音的對應關係。同時歷史比較法有一條重要原則,這就是語音變化都是有條件的,有時間、地點的條件,也有語音結構内部的條件。比如構擬《廣韻》音系的"見"母。見母在《廣韻》裏可以出現在一、二、三、四等韻母之前,上表中列舉了"干、間、建、見"四個見母字,韻母分别屬於開口一、二、三、四等。而它們在現代方言裏讀音是不同的:在北京、漢口一等念[k],二、三、四等念[tɕ];南昌一二等念[k],三四等念[tɕ];蘇州二等有[k][tɕ]兩讀。而廣州、福州,各等都讀[k],日本吴音、漢音和朝鮮的借音也都讀[k],越南借音一三四等念[k],二等念[z]。那麽我們現在要給《廣韻》見母構擬一個什麽讀音呢?根據現代方音的比較,可以假定它是個[k],也可以假定它是個[tɕ],也可以假定它是個[z],還可以假定它是個其他什麽音,這都是有可能的。這樣我們就要依照語音演變的規律和語音的變化條件進行分析和研究。我們現在研究的結果,把《廣韻》的見母構擬爲[k],這是比較接近實際的。因爲其他音變也可以得到合理的解釋。見母在北京和漢口音裏有[k]和[tɕ]兩讀,而[tɕ]是由[k]變來的,條件就是它的韻母爲齊齒呼和撮口呼,而在開、合兩呼韻母前,仍念[k]。南昌音也是很有規律的,從歷史來源看,一二等保持讀[k],三四等則變讀爲[tɕ],也是以洪細音爲條件。蘇州"間"字的聲母爲什麽有兩讀呢?這是因爲"間"屬二等韻,本是個洪音,念[k]的,是口語音,而讀書音,受普通話的影響則已變讀爲[tɕ]。廣州、福州、廈門都保持古見母[k]的讀音,日本吴音、漢音和朝鮮借音也都是將古漢語的見母[k]的讀音保持下來了。越南借音一般也讀[k],只有"間"字念[z],[z]的音變是以二等音爲條件,這也是有規律的。據王力先生研究,見母在越南語裏經過[ɟ]([k]音的前移濁音化)才演變爲[z]的[①]。

下面再以歌韻爲例,談談構擬《廣韻》韻母的問題。歌韻屬果攝開口一等。歌韻字在現代方言和外語漢字借音中的讀音情況如下表。

[①] 參看王力《漢越語研究》,《龍蟲並雕齋文集》第二册,中華書局,1980年;又收入《王力文集》第十八卷,山東教育出版社,1991年。

例字	北京	漢口	蘇州	上海	廣州	梅州	廈門	福州	日本吳音	日本漢音	朝鮮	越南
歌	kɣ	ko	kəu	ku	kɔ	kɔ	ko kua	kɔ	ka	ka	ka	ka
河	xɣ	xo	ɦəu	hu	hɔ	hɔ	ho	xɔ	ga	ka	ha	ha
我	uo	ŋo	ŋəu	ŋu	ŋɔ	ŋɔ	ŋõ gua	ŋɔ̃ ŋuai	ga	ga	a	ŋa
多	tuo	to	təu	tu	tɔ	tɔ	to	tɔ	ta	ta	ta	ta
左	tsuo	tso	tsəu	tsu	tsɔ	tsɔ	tso	tsɔ	sa	sa	tsua	da
他	tʻa	tʻa	tʻɒ	tʻɒ tʻu	tʻa	tʻa	tʻa tʻo	tʻa	ta	ta	tʻa	tʻa

《廣韻》歌韻平、上、去三聲的反切下字各只有一類,等韻圖歸在開口一等,那麼爲它構擬個什麼元音比較正確呢?從現代方音來看,它可能是[ɣ],也可能是[o],可能是[ɔ],也可能是[a],也可能是[u]或[ua],還可能是個別的什麼音。現代音韻學家一般給《廣韻》的歌韻重建爲[ɑ]。因爲"歌"韻屬於開口一等,主元音應是個較低較後的洪音,並且可以用來解釋現代各種方音的音變情況。漢語的元音變化顯示出一條規律,如圖所示:

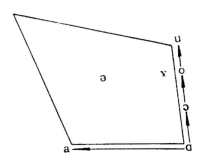

廣州、梅州、福州歌韻字念[ɔ],就是由古代的[ɑ]演變來的,漢口、廈門的[o]又是由[ɔ]演變來的,上海的[u]又是[o]的進一步高化。日本的吳音、漢音,朝鮮、越南的借音念[a],則是由[ɑ]向前演變而成,北京的[ɣ]則是[o]的不圓唇音,它也符合漢語語音的變化規律。所以[ɑ]是《廣韻》歌韻最合理的擬測。可不可以將《廣韻》歌韻構擬爲前低元音[a]呢?如説[a]向後演變爲[ɑ],然後又由[ɑ]變成[ɔ],這也是講得通的,但在《廣韻》音系的結構中,一般是將

[a]作爲二等韻的主元音(如麻韻開口二等擬作[a]),如若再將"歌"韻也擬成[a],一二等的洪細就區別不清楚了。所以將"歌"韻擬成[ɑ]更合理一些。北京話爲什麽又有[-uo]一讀呢？這也是可以解釋的,因爲在北京話裏,[ɑ]分化爲[ɣ]和[uo],即在牙喉聲母之後讀[ɣ],在舌齒音聲母之後則讀[uo]。那麽爲什麽"他"字在現代各方言裏差不多都念[a]呢？這是由於"他"字是個常用的人稱代詞,一直活躍在口語裏,所以能保存較古的讀音。蘇州的[əu]是個複合元音,它是由[ɑ]演變爲[o][u]以後再複元音化而成的。其他看來似乎是一些特殊的情況,如"歌""我"在廈門有[-o][-ua]兩讀,"我"字在福州有[-ɔ][-uai]兩讀,但其中的主元音是[-o]或[-a]都没有超出[ɑ]的音變規律。所以歌韻的古讀[ɑ]就是如此運用歷史比較法構擬出來的。《廣韻》其他韻母也都是這樣運用歷史比較法擬測出來的。

需要注意的是,古音的構擬工作雖然是一個一個聲母或韻母進行的,但在確定它的音值時,必須着眼於整個語音系統,也就是在構擬某個音時,還要考慮到全盤。比如擬測《廣韻》歌韻,就要考慮到《廣韻》整個韻母系統。不把開口一等歌韻擬作[a],而擬爲[ɑ],正是考慮到開口二等麻韻和其他一二等韻的構擬問題。這就是説,構擬出來的每個音,都要求在整個語音系統中站得住,既合乎音理,亦合乎文獻資料的説明。

我們還應當知道,任何古音的構擬,都只是一種科學的假設。我們只要求這種構擬能够幫助瞭解古音的情况,能够對現代方音的複雜現象做出比較滿意的歷史的解釋,同時在語音學上能够講得通,能够説明語音的變化規律,絶不能認爲構擬出來的就是古代當時準確的讀音。法國著名的歷史比較語言學家梅耶(A. Meillet)説過:"重建只能給我們一個不完備的,而且毫無疑問是極不完備的關於共同語的概念。任何構擬都不能够得出曾經講過的共同語。"他還説:"比較方法只能得出相近的系統,可以作爲建立一個語系的歷史的基礎,而不能得出一種真正的語言和它所包含的一切表達方式。"[①]由於漢字不是拼音文字,漢語的古音擬測困難會更多些,所以到現在關於《廣韻》音系的擬測,還没有得出大家公認的結論。至於上古音的擬測,問題就更多、更複雜了。

[①] 梅耶:《歷史語言學中的比較方法》,岑麒祥譯,科學出版社,1957年。

下邊是一首唐詩的擬音：

絕　　句　杜甫

兩	個	黃	鸝	鳴	翠	柳
₌liaŋ	kɑᵓ	₌ɣuɑŋ	₌lie	₌mĭɐŋ	ts'uiᵓ	₌lĭeu
一	行	白	鷺	上	青	天
ĭɐt₌	₌ɣɑŋ	bɐk₌	luᵓ	₌zĭaŋ	₌ts'ieŋ	₌t'ien
窗	含	西	嶺	千	秋	雪
₌tʃ'ɔŋ	₌ɣɑm	₌siei	₌lĭeŋ	₌ts'ien	₌ts'ĭĕu	sĭwɐt₌
門	泊	東	吳	萬	里	船
₌mɐn	bɐk₌	₌tuŋ	₌ŋu	mĭwɐnᵓ	₌lĭə	₌dzĭwɐn

第九節　《廣韻》反切的規律

　　學習音韻學不是爲學習而學習，我們學習了《廣韻》音系以後，要學以致用。上文各章節已講解了漢語音韻學的基本內容，即：介紹了音韻學的基本概念和基礎知識；分析了《廣韻》的聲母、韻母、聲調系統，並且跟現代普通話語音做了比較，談了談古今音對應關係與演變規律。在本節裏，我們將要談談《廣韻》音系的運用。通過運用以加深我們對《廣韻》音系的理解。

　　第一，運用音韻學知識以學好現代漢語語音，即從歷史演變規律上認識現代漢語語音的結構規律。同時還可以運用音韻學的知識調查方言，學好普通話。我們要認真地找一找普通話和自己方言的對應規律，以提高學習普通話的自覺性和積極性。清代古音學家江永在他的《古韻標準》中說過："人能通古今之音，則亦可以辨方音。"又說："入其地，聽其一兩字之不同，則其他字可類推也。"(卷一"平聲第八部・總論")他的意思是說，到一個方言區之後，聽他說一兩個字，瞭解不同讀音，那麽其他古代同聲母或同韻母的字就可以類推，就可能找到它的對應規律了。這既是經驗的總結，也是科學的推論。

　　第二，要將音韻學的知識運用到古代漢語的學習中去。這包括兩個方面：

一方面是運用音韻學的知識,瞭解古典詩歌的格律,瞭解詩歌的用韻和平仄。各個時代的詩人,大都是按照他們當時的語音去用韻的。漢賦的用韻跟《詩經》《楚辭》不一樣,而唐詩的用韻跟《詩經》的差別就更大。因此,僅有《廣韻》的知識還不夠,但是有了《廣韻》這個基礎,再學習上古音就好辦了,即可以拿《廣韻》去上推古音,這是古音學的一個重要的內容。另一方面,音韻學知識還可以幫助解決古書中通假字的問題。在先秦兩漢的文獻裏,通假字特別多。中國古書傳抄上的錯誤,雖然經過唐宋人的整理,好多通假字都改過來了,但留下來的問題還不少。清代的訓詁學之所以發達,之所以成就較大,就是因爲他們能够運用音韻學的知識,以解決訓詁學上的問題。所以我們學習音韻學也要用來學習古代漢語。

第三,利用《廣韻》音系的知識和古今音變的規律,以進一步認識古反切的問題。這也是學習古代漢語的需要,因爲許多古籍大都是用反切注音的。反切的基本原理:上字取聲,下字取韻,這是容易瞭解的。比如"都[t-]宗[-uŋ]"切"冬"[tuŋ]。但是由於語音發生了變化,古音跟現代音有所不同,又由於在語音的變化中聲、韻、調互相影響,因此用今音去讀古代的反切,常常拼切不出準確的讀音來。如"居諧"切"皆"[ₒtɕie],"諧"字是陽平,怎麽會切出來個陰平字呢?這是因爲雖然反切下字決定被切字的聲調,但是它只能決定它是平聲、上聲、去聲或入聲,至於被切字是陰調還是陽調,那是要由反切上字的清濁來決定的。"居"屬見母,是清聲母,所以居諧切的被切字應是陰平"皆"字。又如"莫包切",切下字"包"雖是陰平,但切上字"莫"屬濁音明母,所以被切字當是陽平"毛"字。再如"度官切","官"是平聲字,但因爲"度"是定母字,屬全濁聲母,所以切出來的被切字是送氣的陽平"團"字。這又是不送氣的切上字切出一個送氣的字音來。這類古反切今讀的問題甚多,需要認真對待。

下面我們根據古今音變的規律歸納出幾個條例,看看怎樣把古代的反切拼切出現代普通話的讀音來。

先從聲母方面來看,我們已知道,濁聲母的清化影響着聲調的變化和送氣不送氣。這於古反切的今讀則有幾條比較重要的規律:

(一)平聲字的反切,被切字今讀陰平還是陽平,由反切上字來決定。切上字是清聲母的,切出來的字是陰平,切上字是濁聲母的,切出來的字則是陽平。至於反切下字是陰平還是陽平,可以不管。例如"息林切",切下字"林"是平聲字,這就首先確定了被切字是個平聲字。那麼息林切切出來的字音是陰平還是陽平呢?這就要由反切上字來決定了,這裏"息"屬心母,清音,所以拼出來的[ɕin](心)是陰平。又如"去盈切"[₋tɕʻiŋ](輕)也是這一原理。再如"徒公切",切下字"公"是陰平,但切上字"徒"是定母濁音,故切出來的字音是陽平[₋tʻuŋ](同)。又如蒲奔切[₋pʻən](盆)。

但要注意的是零聲母平聲字的陰陽問題。我們知道,現代漢語的零聲母有多個來源:從三十六字母來看,有來自影母的,有來自微母的,有來自疑母的,有來自喻母(包括喻三、喻四)的,還有少數是由日母來的。影母原是零聲母,微母原屬明母[m],疑母原來是個舌根鼻音[ŋ],喻母是個半元音[j],日母則是個鼻音加摩擦的[nʑ]。從清濁來看,影母是全清,"微、疑、喻、日"四母屬次濁,因此它們也影響着現代零聲母平聲字的陰陽問題。即使到現代,聲母脱落都變成零聲母了,原來的清濁性質仍然影響現代讀音的聲調。比如,"於良切",由於切上字"於"是清音影母,所以雖然切下字"良"是陽平,被切出來的字音也還是陰平[₋iaŋ](央)。又如"余仙切",切下字"仙"是陰平,但切上字"余"屬喻四,次濁聲母,所以拼切出來應是陽平[₋ian](延)。又如"危先切",切下字"先"雖是陰平,而切上字"危"是次濁疑母,所以拼切出來的現代讀音只能是陽平[₋ian](研)。再如"無分切","分"是陰平字,而"無"屬次濁微母,所以被切字也只能是陽平[₋uən](文)。

(二)切上字是全濁塞音或塞擦音聲母,切下字若是平聲,那麼被切字音就是送氣的;如果切下字是個仄聲,那麼被切字音就是不送氣的。簡單地説,就是根據平聲~送氣、仄聲~不送氣這條規律。例如"徒干切",切下字"干"是陰平,"徒"屬定母,是個全濁塞音聲母,所以切出來的被切字音應是送氣的陽平字"壇、檀"[₋tʻan]。又如"渠焉切","焉"是陰平字,"渠"是全濁群母,故切出的"乾、虔"[₋tɕʻian],仍為陽平送氣。再如"徒故切",切下字"故"是去聲,而切上字"徒"是全濁定母,故拼切出來的被切字音應是不送氣的去聲字"渡、度"[tuº]。又如"才納切",切上字"才"是從母,全濁塞擦音,切下字"納"今讀去聲,依規律切出來的當是個去聲字,但是"納"在古代爲入聲。古入聲在今普通話裏的讀音又有一條比較强的規律,即凡聲母是全濁塞音或塞擦音的,一律讀不送氣的陽平,所以"才納切"拼出來的應是"雜"[₋tsa]字。

(三)切上字如果不是全濁聲母,而切下字是全濁上聲,現今依濁上變去已念去聲,那麼被切字的送氣不送氣則由切上字決定,它的聲調則須復原爲上聲。例如"康杜切",切上字"康"是清音溪[k']母字,送氣的,而切下字"杜"是全濁定母,本讀上聲,今已變讀爲去聲,但在"康杜切"中,切上字是清聲母,所以被切字音還要恢復上聲的讀法,即讀[˚k'u](苦)。又如"公户切",切下字"户"本來也是個全濁匣母上聲字,依"濁上變去"的規律,今已變讀爲去聲,而"公"是清音見母,所以被切字當是上聲"古"[˚ku]字。

再從聲母和韻母的相互關係來看,有的是聲母對韻母的影響,也有的是韻母對聲母的影響。關於聲母對韻母的影響,主要是捲舌聲母影響韻母的洪細。這也有兩方面,第一,如果切上字是今讀捲舌聲母的(即:tʂ、tʂ'、ʂ、ʐ),而切下字是細音,那麼被切字音要改讀爲洪音——即撮口呼變讀爲合口呼,齊齒呼變讀爲開口呼。例如"陟魚切",切上字"知"爲清音捲舌聲母,"魚"是陽平撮口呼,細音,故被切字則是陰平合口呼[₋tʂu](猪),因爲普通話裏沒有[tʂy]音。又如"如仙切","如"是次濁日母,今讀捲舌音,"仙"是陰平細音,故切出來的是陽平洪音[₋ran]"然"。又如"昌裏切","昌"是次清捲舌聲母,"裏"是上聲細音(齊齒呼),故切出來的是"齒"[˚tʂ'ɿ]音([i]在捲舌聲母之後變讀[ɿ])。又如"楚居"切"初",這是撮口呼變爲合口呼。

第二,若反切下字是捲舌聲母,反切上字是今讀細音的,被切字則要改讀爲細音。例如"居之切",切下字"之"是捲舌的,切上字"居"是個細音,因此"之"的韻母開口呼[ɿ]就要變讀爲細音齊齒呼[i],故拼出來是個"基"[₋tɕi]字。又如"力至切",切下字"至"[tʂɿ]是捲舌聲母,而切上字"力"[li]是細音,所以被切字也是個細音,"利"[liʾ]。又如"舉朱切",切上字"舉"是細音[tɕy],切下字"朱"是捲舌聲母,故拼切的時候,"朱"的韻母合口呼[-u],要變讀爲撮口呼[-y],被切字則爲"拘"[₋tɕy]。又如"於真"切"因"[₋in],道理相同,不過"於"屬影母,拼切出來的也是個零聲母字。

關於韻母對聲母的影響，主要是古見、精兩組字受韻母影響的問題。如果切上字是"精"組或"見"組聲母，而切下字是細音，被切字就要改讀爲[tɕ、tɕʻ、ɕ]。例如"古閑"切"艱"[₌tɕian]，"古玄"切"涓"[₌tɕyan]，"子亮"切"醬"[tɕiaŋᐟ]。因爲[k]或[ts]在[i][y]前面，都要變讀爲[tɕ]。又如"才句切"，才[tsʻai]是"從"母濁音，屬於"精"組，"句"是撮口呼細音，所以被切字要變讀細音，同時由於"句"是仄聲(去聲)，故拼切出來是不送氣的"聚"[tɕyᐟ]字。相反，如切上字是[tɕ、tɕʻ、ɕ]，而切下字是洪音，那麼被切字即要改讀爲"見"組聲母[k、kʻ、x]或者"精"組聲母[ts、tsʻ、s]。例如"借官切"，"官"是合口呼，洪音，"借"屬精母，故切出的應是"鑽"[₌tsuan]字。又如"息郎切"，"息"[ɕ-]是"心"母，"郎"[laŋ]是洪音，故[ɕ-]要變讀[s-]，被切字當是洪音"桑"[₌saŋ]字。又如"舉威切"，"舉"[tɕ-]屬"見"母，"威"是洪音，故[tɕ-]要改讀爲[k-]，被切字應是洪音"歸"[₌kuei]。

最後，談談唇音字的反切問題。由於《廣韻》音系中唇音字沒有開合的對立，即開口可以切合口，合口也可以切開口，而現代普通話的唇音字，除了韻母是"u"的以外，都變成了開口呼，因此反映在反切上，開合就不一致，常常遇到開口切合口，合口切開口，結果就會出現了下面這樣一些情況：

（一）切上字是唇音[p、pʻ、m、f]，切下字是合口呼(除了單韻母[u])或撮口呼的，被切字音就要變讀爲開口呼或者齊齒呼。例如"普火切"，切上字"普"是唇音[pʻ]，切下字"火"是合口呼，那麼被切字就是開口的"叵"[pʻo]。又如"布回切"，切上字"布"爲唇音[p]，切下字"回"是合口呼，那麼被切字當是開口呼的"杯"[pei]。又如"布玄"切"邊"，"莫還"切"蠻"，"眉殞"切"敏"，"敷尾"切"斐"，"府文"切"分"，"薄紅"切"蓬"等都是如此。在現代普通話中，唇音[f]不能直接和[i]結合，因此切上字今讀[f]的，下字如果是齊齒呼或撮口呼，也一律要變讀爲開口呼，例如"方久"切"否"，"分兩"切"仿"，"扶用"切"俸"，"府遠"切"反"等。

（二）切下字是唇音，而切上字是合口或撮口字，被切字往往是合口呼。例如"都佩"切"對"，"古伯"切"虢"，"户萌"切"宏"，"於非"切"威"，"文甫"切"武"，"武方"切"亡"。

（三）關於脣音的輕重問題。一般説，輕脣切輕脣仍讀輕脣，如"敷方"切"芳"，"方吻"切"粉"；重脣切重脣仍讀重脣，如"步崩"切"朋"，"莫婆"切"磨"。如果切上字是輕脣，下字是重脣，則被切字往往讀重脣，如"甫悶"切"奔"，"方賣"切"拜"，"扶冰"切"憑"，"府眉"切"悲"，"武瀌"切"苗"。相反的情況則未見。

以上談的反切規律只是一些主要的，剩下來是一些細則和入聲字的反切，問題比較複雜，這裏就不討論了。大家可以參考殷焕先先生的《反切釋要》(山東人民出版社，1979)和曹先擢先生、李青梅女史的《〈廣韻〉反切今讀手册》(語文出版社，2005)。

練 習 八

一、構擬下列《廣韻》音。

1. 端母歌韻開口一等　　2. 來母有韻開口三等
3. 澄母線韻合口三等　　4. 曉母没韻合口一等
5. 生母咸韻開口二等　　6. 並母庚韻開口三等
7. 章母送韻合口三等　　8. 群母陽韻開口三等
9. 心母諄韻合口三等　　10. 疑母支韻開口三等

二、給下邊這首唐詩和自己的姓名構擬中古音(先查出每個字的《廣韻》聲母、韻目等呼和調類)。

1. 李白《與史郎中欽聽黄鶴樓上吹笛》

　　一爲遷客去長沙，西望長安不見家。

　　黄鶴樓中吹玉笛，江城五月落梅花。

2. 自己的姓名

三、拼寫出下列反切的現代普通話讀音。

乃都切　徒貢切　胡講切　與專切

布交切　植鄰切　息姊切　莫加切

如六切　五限切　古勞切　慈忍切

卑犬切　苦郎切　昨木切

第四章 漢語音韻學簡史

第一節 韻書產生以前的古音研究

音韻學上所謂"古音",指的是韻書產生以前的先秦兩漢時代的語音,即上古音。

上古音的研究是從韻部開始的,這是因爲漢代以後,人們讀《詩經》《楚辭》等先秦韻文感到不押韻、不諧和,因而去進行探索研究,試圖解釋爲何會出現這種現象。例如《詩經》第一篇《周南·關雎》:

關關雎鳩,在河之洲,窈窕淑女,君子好逑。

參差荇菜,左右流之,窈窕淑女,寤寐求之。求之不得,寤寐思服,悠哉悠哉,輾轉反側。

參差荇菜,左右采之,窈窕淑女,琴瑟友之。參差荇菜,左右芼之;窈窕淑女,鐘鼓樂之。

這首詩一般分爲三章。一章和二章頭四句的韻脚"鳩、洲、逑、流、求",都是《廣韻》尤韻字,從《詩經》時代到現代漢語(包括普通話及各地方言),都是押韻的,自然没有問題。但二章後四句與第三章,從韻律上看,顯然"服"和"側"、"采"和"友"、"芼"和"樂"是韻脚之所在,但現在讀起來已完全不押韻了,因爲它們彼此之間,韻母都不同,不僅主要元音不同,有的甚至連韻尾也不同。它們在《廣韻》音系裏,差別也很大,例如"服"字屬通攝屋韻,"側"字屬曾攝職韻;"采"是蟹攝咍韻上聲海韻字,"友"是流攝尤韻上聲有韻字,而"芼"字屬效攝豪韻去聲号韻,"樂"字屬宕攝入聲鐸韻,不僅不同韻,而且不同攝。那麽《詩經》

的作者爲什麽要這樣用韻呢？從六朝開始，就有人注意到這種現象，並不斷提出各種看法和解釋。例如梁末沈重的《毛詩音》（據《經典釋文》所引）於《詩經·邶風·燕燕》三章"燕燕于飛，下上其音。之子于歸，遠送于南。瞻望弗及，實勞我心"中的"南"字下注云："協句，宜乃林反。"意思是説："遠送于南"的"南"字，本讀"那含反"[$_c$nam]，但在這裏爲了與上下文的"音""心"押韻，應當改讀爲"乃林反"[$_c$nim]。這種"協句"的主張實際上是強改字音以遷就今讀，並非真正考明古代的本音。宋代朱熹著《詩集傳》，又提出一種"叶音"説。他認爲古今讀音是差不多的，不過《詩經》作者用韻隨便一點，有時用了一個本來不同韻的字，如《燕燕》三章中的"南"字，與"音""心"押韻，可以臨時把"南"字改讀爲"尼心反"（同"乃林反"）就協韻了。又如《關雎》三章中的"采"和"友"，朱熹於"采"字下注"叶此履反"，"友"字下注"叶羽已反"，即分別改讀爲"此"音與"以"音，就押韻了。所謂"叶"就是諧和的意思。這種"叶音"説與"協句"一樣，都是違背歷史發展的，是錯誤的。

其實，《詩經》和其他先秦韻文，每個入韻的字當時都有固定的讀音，不可能時而念甲音，時而念乙音。語言是社會交際的工具，個人是不能隨便改變它的讀音的。

明代古音學家陳第著《毛詩古音考》，提出了"時有古今，地有南北，字有更革，音有轉移，亦勢所必至"的正確觀點。他認爲《關雎》三章中的"采"和"友"，在先秦的讀音本來就押韻，後代讀音不同，是語音演變的結果。他還認爲先秦的"采"本來就念"此"音，"友"本來就念"以"音。這種看法，現在看來不免簡單化一點，但在三四百年前，陳第就具備了這種科學的歷史主義觀點，這確實是難能可貴的。

清代古韻學家，自顧炎武開始，在陳第論著的啓發之下，進一步對《詩經》用韻和先秦其他韻文用韻進行了具體的分析和歸納。比如《詩經·關雎》三章，"參差荇菜，左右采之，窈窕淑女，琴瑟友之"，"采、友"相押，現今韻母不同，主元音和韻尾都不一樣，一是[-ai]，一是[-əu]，但在《詩經》裏，這兩類韻母的字相押並非偶然，下面是一些例子：

《周南·芣苢》一章："采采芣苢，薄言采之，采采芣苢，薄言有之。"叶"采、有"。

《小雅·六月》六章:"吉甫燕喜,既多受祉。來歸自鎬,我行永久。飲御諸友,炰鱉膾鯉。侯誰在矣,張仲孝友。"叶"喜、祉、久、友、鯉、矣、友"。

《小雅·沔水》一章:"沔彼流水,朝宗于海,鴥彼飛隼,載飛載止。嗟我兄弟,邦人諸友。莫肯念亂,誰無父母?"叶"海、止、友、母"。

《邶風·匏有苦葉》四章:"招招舟子,人涉卬否。人涉卬否,卬須我友。"叶"子、否、否、友"。

《秦風·終南》一章:"終南何有?有條有梅。君子至止,錦衣狐裘。顏如渥丹,其君也哉。"叶"梅、裘、哉"。

《小雅·十月之交》五章:"抑此皇父,豈曰不時?胡爲我作?不即我謀,徹我牆屋,田卒汙萊。曰予不戕,禮則然矣。"叶"時、謀、萊、矣"。

《王風·君子于役》一章:"君子于役,不知其期,曷至哉?雞棲于塒,日之夕矣,羊牛下來。君子于役,如之何勿思!"叶"期、哉、塒、來、思"。

《衛風·氓》一章:"氓之蚩蚩,抱布貿絲。匪來貿絲,來即我謀。送子涉淇,至于頓丘。匪我愆期,子無良媒。將子無怒,秋以爲期。"叶"蚩、絲、絲、謀、淇、丘、期、媒、期"。

這表明"采、有、喜、哉、梅、時、思、絲……"等押韻字,雖然現代讀音已很不相同(韻母有[əu][iəu][ai][i][ei][ɿ][ʅ][u]等的不同),但在《詩經》裏,既能互相押韻,其主要元音就一定相同,也就是說,它們在先秦是同屬一個韻部的(《關雎》中"芼、樂"的情況比較複雜,這裏暫不討論)。顧炎武等人在分析歸納《詩經》等韻語的同時,並將這些互相押韻的字和《廣韻》音系做了比較,查看《廣韻》哪些韻該合併,哪些韻須分開,即所謂"離析《唐韻》",以此建立上古韻部系統。顧炎武分古韻爲十部,即:

一、東冬鍾江

二、脂之微齊佳皆灰咍支﹡尤﹡

三、魚虞模侯麻﹡

四、真諄臻文欣元魂痕寒桓刪山先仙

五、宵蕭肴豪幽尤﹡

六、歌戈麻⊥支⊥

七、陽唐庚⊥

八、耕清青庚⊥

九、蒸登

十、侵覃談鹽添咸銜嚴凡

顧氏這十部雖然還甚粗疏，但奠定了古韻分部的基礎。後來江永著《古韻標準》分古韻爲十三部，段玉裁著《六書音均表》分古韻爲十七部，孔廣森、朱駿聲都分古韻爲十八部，而王念孫、江有誥都分古韻爲二十一部，章太炎則分古韻爲二十二部(早年分二十三部)。以上是古韻學上考古派的主張。與考古派相對立的是審音派，審音派則主張把入聲韻獨立出來，因此古韻的分部就多出近三分之一，如戴震在接受他的學生段玉裁的研究成果的基礎上，將入聲韻獨立出來，於是分古韻爲二十五部；黃侃在他的老師章太炎二十三部的基礎上分古韻二十八部。王力先生的《漢語史稿》分古韻爲二十九部，而在他主編的《古代漢語》裏又增爲三十部。這三十個韻部又可以概括爲十一類，按陰、陽、入排列如下：

	陰聲韻	入聲韻	陽聲韻
第一類	之[ə]部	職[ək]部	蒸[əŋ]部
第二類	幽[u]部	覺[uk]部	冬[uŋ]部
第三類	宵[o]部	藥[ok]部	
第四類	侯[ɔ]部	屋[ɔk]部	東[ɔŋ]部
第五類	魚[a]部	鐸[ak]部	陽[aŋ]部
第六類	支[e]部	錫[ek]部	耕[eŋ]部
第七類	脂[ei]部	質[et]部	真[en]部
第八類	歌[ai]部	月[at]部	元[an]部
第九類	微[əi]部	物[ət]部	文[ən]部
第十類		緝[əp]部	侵[əm]部
第十一類		盍[ap]部	談[am]部

除了《詩經》等先秦兩漢韻文，古音學家研究上古韻部的另一重要根據是

形聲字。形聲字可以分爲形符和聲符兩部分。聲符相同的字讀音往往相同或相近。例如"其"屬之部,從"其"得聲的"淇、棋、期、欺、基、箕、祺、琪、騏、棋、綦、蜞、鯕、麒"等字也是之部字。有些同聲符的字後代讀音不同了,但在上古仍屬同部,例如"台"是之部字,從"台"得聲的"苔、胎、怠、駘、怡、貽、詒、飴"等字也屬之部;又如"我"是歌部字,從"我"得聲的"俄、峨、鵝、義、儀、議"等字也屬歌部。這種以形聲字歸部的方法很解決問題,瞭解一個聲符的歸部,可以類推同聲符的一系列字,所以稱做"諧聲系統"。古音學家很早就注意到形聲字的作用,而系統地利用形聲字來考證上古韻部的,首推段玉裁。他著《古十七部諧聲表》(見《六書音均表二》),並提出了"同諧聲者必同部"的著名論斷。這與實際情況基本相符。例如《詩經·小雅·庭燎》:

　　夜如何其?夜未央,庭燎之光。君子至止,鸞聲將將。
　　夜如何其?夜未艾,庭燎晣晣。君子至止,鸞聲噦噦。
　　夜如何其?夜鄉晨,庭燎有煇。君子至止,言觀其旂。

一章韻脚"央、光、將"屬陽部;二章韻脚"艾、晣、噦"屬月部;三章韻脚是"晨、煇、旂","煇"今讀 huī,陰聲韻,但它從"軍"得聲,又"旂"今讀 qí,亦陰聲韻,但它從"斤"得聲,顯然在《詩經》時代,"煇"與"旂"分别讀同或讀似"軍"與"斤",所以與"晨"仍同屬陽聲韻文部。

　　當然,由於某些字的諧聲構成時代比《詩經》更早(甲骨文裏就有了形聲字),所以也有與《詩經》用韻不一致的地方。例如《小雅·六月》三章:

　　　　四牡修廣,其大有顒。薄伐玁狁,以奏膚公。有嚴有翼,共武之服。
共武之服,以定王國。

後四句押"翼、服、服、國"屬職部;前四句以"顒"和"公"爲韻,屬東部。而"顒"所從得聲的"禺"字,屬侯部。這是侯、東對轉。遇到這種例外和矛盾,古韻分部歸字則以《詩經》用韻爲準。又如同爲從"寺"得聲,"待"屬之部,"等"屬蒸部,而"特"屬職部。這是語音演變的結果。關於上古三十韻部的屬字,可參考本人所編《上古音手册》①。

上古聲母的研究是從清代錢大昕開始的。他著有《古無輕唇音》和《舌音類隔之説不可信》兩篇文章②，認爲上古漢語裏只有重唇"幫滂並明"，没有輕唇"非敷奉微"；又只有舌頭"端透定泥"，而没有舌上"知徹澄娘"。他的主要論據有以下五個方面：

（一）形聲字。比如説從"非"得聲的有"輩、排"等字，"非"是輕唇，"輩、排"是重唇；從"登"得聲的有"澄、橙"等，"登"爲舌頭音，"澄、橙"爲舌上音。由此錢氏認爲上古只有重唇音和舌頭音，而輕唇音與舌上音是後起的，或者説是分别從重唇音和舌頭音中分化出來的。

（二）通假異文。例如《詩經·邶風·谷風》四章："凡民有喪，匍匐救之。""匍匐"，《禮記·檀弓下》引作"扶服"，《孔子家語》引作"扶伏"，古籍中還有作"蒲伏"或"蒲服"的。而"扶"是輕唇，"匍、蒲"是重唇。又如"鸚鵡"，在《説文》裏寫作"鸚䳇"。"鵡"是輕唇微母字，"䳇"是重唇明母字。可見漢代以前的古籍中輕重唇音不分。又如《尚書·禹貢》"導菏澤，被孟猪"。"孟猪"，古澤名，《左傳·僖公二十八年》作"孟諸"，《周禮·夏官·職方氏》作"望諸"，《史記·夏本紀》作"明都"，《漢書·地理志》作"盟諸"。通假異文就是一個詞的不同寫法，實際上"孟猪、望諸、孟諸、明都、盟諸"指的是同一個地方，"孟、明、盟"是重唇明母字，"望"是輕唇微母字；"都"是舌頭音端母字，"猪"是舌上音知母字，而"諸"是正齒音章母字。所以錢大昕指出："古人多舌音，後代多變爲齒音，不獨知徹澄三母然也。"

（三）古人的讀音。這主要指東漢魏晋時爲先秦西漢古書作的注音，即"讀若""讀如""讀爲""讀曰"之類。如《尚書大傳》"播國卒相行事"，鄭玄注："播，讀爲藩"，"藩"輕唇非母，"播"重唇幫母。此類注音，《説文》裏亦不少，如："娓，順也，讀若媚。""娓"輕唇微母，"媚"重唇明母。

（四）聲訓。就是用讀音相同或相近的字去解釋詞義。如《詩經·小雅·采薇》一章："靡室靡家。"鄭玄箋："靡，無也。""靡"，重唇明母，"無"，輕唇微母。

---

① 江蘇人民出版社，1982年。又中華書局2013年出版增訂本。
② 《十駕齋養新録》第五卷。

又如《詩經·大雅·皇矣》六章:"陟我高岡。"箋:"陟,登也。"《禮記·檀弓下》:"洿其宮而豬焉。"注:"豬,都也。""陟、豬"舌上知母,"登、都"舌頭端母。東漢劉熙的《釋名》是一部聲訓專著。《說文》裏也有聲訓的例子。

(五)古反切。主要指六朝以後的類隔切,《經典釋文》和《廣韻》裏都有不少。如"廡",莫杜反,"廡",微母,輕唇,"莫",明母,重唇。又如"悲",府眉切。"悲"是幫母,重唇,"府"是非母,輕唇。前者是重唇切輕唇,後者是輕唇切重唇。又比如"長"[ˌtʂaŋ],丁丈切,"長"是知母字,"丁"是端母字。此爲舌頭切舌上。

不過根據這些材料只能證明古代輕唇和重唇不分,舌頭和舌上不分。錢大昕還注意到對音材料和方音。他在《古無輕唇音》一文中曾指出:"南無字讀如曩謨,梵書入中國繹譯多在東晋時,音猶近古,沙門守其舊音不改。"又説:"無又轉如毛……師古曰,今俗語猶謂無爲耗。大昕按:今江南湖南方音讀無如冒,即毛之去聲。"但錢大昕用例不多。現代的學者又從這兩方面做了許多補充,進一步證明錢氏的結論是正確的。現代閩方言就沒有輕唇音[f],往往還保存了重唇的讀法,如"房",廈門讀爲[poŋ]或[paŋ],福州讀爲[puŋ];"肥",廈門讀[pui],福州讀[pi]或[puei]。吳方言和粵方言中,非、敷、奉母字已分化出來念成輕唇了,但"微"母字還往往保存重唇,與"明"母不分,比如"味"、"文"、"萬""襪"等字就是如此。方言裏舌頭舌上不分的情況也是存在的,比如"陳",現代廈門方言念[tin],福州方言念[tiŋ];"鄭",廈門念[tŋ]或[t⁻],福州念[taŋ];"知",廈門、福州、梅州都念[ti],江西臨川也念[ti]。

對音(譯音)的材料,包括外國語裏的漢字讀音與漢字對譯外語的讀音兩個方面。後者如梵文 buddha,古代譯音浮屠(圖),"浮"字對譯"bu",這就證明"浮"字的聲母古代不念輕唇[f-],而讀重唇[b-]。前者如朝鮮、日本、越南語裏的漢字讀音。朝鮮語"風"讀[pʻuŋ],"方"讀[paŋ],"文"讀[mun]。日本語"鄭"念[te],即念舌頭音[t-]。

後來,章太炎先生運用錢大昕的方法著《古音娘日二紐歸泥説》(載《國粹學報》第四十二期,1908),認爲上古娘母、日母字,都讀同泥母。娘和泥在《廣韻》音系裏就不分。日母在上古和泥母的關係確實比較密切,如"女"字在先秦古書裏常用來表示第二人稱代詞"汝"。而"汝"又從"女"得聲,"汝"是日母,"女"是娘母。可見太炎先生的説法有一定道理。黄侃先生在前人研究的基礎上提出古本聲十九紐,其中莊組歸精組是他的創見。其後曾運乾先生又著《喻母古讀考》(《東北大學季刊》第二期,1927),認爲喻$_三$歸匣母,喻$_四$歸定母。還有錢玄同先生作《古音無邪紐證》(《師大國學叢刊》一卷三期,1932),周祖謨先生作《審母古讀考》《禪母古讀考》(均收入《問學集》上册),也都對古聲母的某個問題提出了自己的看法。王力先生的《漢語史稿》(上册)總結了前人研究的成果,提出了上古三十二聲母系統。即:

唇　音:幫(非)[p]　滂(敷)[pʻ]　並(奉)[b]　明(微)[m]
舌　音:端(知)[t]　透(徹)[tʻ]　喻$_四$[dʻ]　定(澄)[d]
　　　　泥(娘)[n]　來[l]
　　　　章[ȶ]　昌[ȶʻ]　船[ȡ]　書[ɕ]　禪[ʑ]　日[ȵ]
齒　音:精[ts]　清[tsʻ]　從[dz]　心[s]　邪[z]
　　　　莊[tʃ]　初[tʃʻ]　崇[dʒ]　生[ʃ]
牙喉音:見[k]　溪[kʻ]　群[g]　疑[ŋ]
　　　　曉[x]　匣(喻$_三$)[ɣ]　影[∅]

　　關於上古聲母的研究,問題尚不少,無論分類或擬音,各家意見還很分歧。此外還有個上古有没有複輔音聲母的問題,看法也不一致。

　　關於上古的聲調系統,亦無定論。顧炎武、江永主張四聲一貫,就是説平、上、去、入四聲在上古可以互相通押。這實際上認爲上古四聲和中古没有區別。黄侃主張上古僅有平、入兩個聲調。段玉裁主張上古没有去聲,只有平、上、入三個聲調。而孔廣森則主張上古没有入聲,只有平、上、去三聲。王念孫、江有誥主張上古有平、上、去、入四聲,不過與後代四聲不同。王力先生在《漢語史稿》中提出一個新的看法,認爲上古有不同於中古的四類聲調,即先分平、入兩大類,然後平聲又分長平和短平,入聲又分長入和短入。這就是説,上古漢語的聲調不僅有音高的因素,而且有音長的因素。王力先生這一主張考之於和漢語同語系語言的聲調情況,是有根據、有道理的。本人曾通過分析研究《詩經》用韻所反映的聲調情況,在王力先生創立的上古四聲説的基礎上,提出了上古有平、上、去和長入、短入五聲説的意見①,可供同學們參考,以做進一步的討論研究。

第二節 《廣韻》以後的韻書

陸法言的《切韻》問世以後,影響甚大,唐宋王朝都將《切韻》系韻書定爲科舉的標準書,所以不斷有人增字加注,書名亦幾經更動。但從《切韻》到《唐韻》到《廣韻》,整個語音系統基本上並没有改變。由於《切韻》音系本來就是以"南北是非,古今通塞"作爲審音標準的,它實際上不是完全記録一個地方一個時代的實際語音;它既包括有古音成分,也包含有方音成分。因此歷史越發展,《切韻》音系跟實際口語的距離就越大。早在唐初,參加科舉考試的人,就感覺到《切韻》分韻太細,要求太嚴,都"苦其苛細"。所以唐初禮部尚書許敬宗上書皇帝"奏合而用之",即允許相近的韻可以合用(據唐封演《封氏聞見記》)。有人認爲《廣韻》韻目下"同用"和"獨用"的規定,從初唐就確定下來了。這種看法雖無確鑿的根據,但也有一定的道理。

《廣韻》成書後不久,宋代又編了兩部韻書。一部叫《集韻》,宋仁宗寶元二年(1039)丁度等奉敕編纂而成;號稱收字五萬餘,除去重文異讀字,實際只有四萬左右,但比《廣韻》收字多了許多。所以它取名爲"集韻",意思是一部集大成的韻書。另一部叫做《禮部韻略》,實際是《集韻》的一個簡本,它成書早於《集韻》二年,即宋仁宗景祐四年(1037)。

《禮部韻略》在《廣韻》"同用""獨用"的基礎上,刊定窄韻十三處,允許與相鄰的韻通用,對原來的"同用""獨用"規定做了調整與增補,比如原來文韻和欣韻是"獨用"的,現在"通用"了;又如原來只有平聲灰、咍同用,上聲賄、海同用,去聲隊、代同用,而泰、廢均獨用,現在刊定泰、隊、廢、代四韻通用;又如原來是鹽、添同用,咸、銜同用,嚴、凡同用;現在改訂爲鹽、添、嚴通用,咸、銜、凡通用。如果將《禮部韻略》裏的"通用""獨用"規定加以歸併,實際上僅有一百零八個韻,而將《廣韻》的"同用""獨用"加以歸併,則有一百六十個韻。金代的韓道昭

---

① 《上古漢語有五聲説——從〈詩經〉用韻看上古的聲調》,《語言學論叢》第33輯,2004年。

編了一部《五音集韻》(成書於金章宗泰和八年,即 1208 年),分一六〇韻,就是參照《廣韻》的"同用""獨用"的規定而成的。

南宋理宗淳祐十二年(1252 年),有個自稱江北平水(今山西臨汾)劉淵的,編了一部《壬子新刊禮部韻略》,分一百零七個韻,除依《集韻》簡本《禮部韻略》所定"獨用"、"同用"例合併外,又將曾攝蒸、登的去聲證、嶝二韻(本同用)併入梗攝青韻去聲徑韻。所以比一百零八韻又少了一個。元明以後,都以此書的作者劉淵自稱江北平水,故而一直被稱做《平水韻》。但不知劉淵其人的身世,而且此書並未流傳下來。

據清人錢大昕和近人王國維的考證,在劉淵書問世之前,金人王文郁已編成《平水新刊韻略》一書。書前有許古序,署"正大六年己丑季夏"。"正大"是金哀宗的年號,正大六年相當於宋理宗紹定二年,即公元 1229 年,較劉淵書早出二十五年。是書分一百零六韻,即又將曾攝蒸登的上聲拯、等二韻併入青韻上聲迥韻。後來流行的《平水韻》就是這一〇六韻。

此外,同一時期,金人張天錫著《草書韻會》(公元 1231 年),宋末陰時夫著《韻府群玉》也都是分一百零六韻。元黃公紹的《古今韻會》(1292 年,今存熊忠《古今韻會舉要》,成書於元大德元年即 1297 年),分韻爲一〇七,與劉淵書同。

《平水韻》的一〇六韻分五卷,上平十五韻,下平十五韻,上聲二十九韻,去聲三十韻,入聲十七韻。關於《平水韻》一〇六韻和《廣韻》二〇六韻的關係,可參看下面《內外轉與十六攝》(一〇六韻與二〇六韻)表:

內外轉與十六攝(一〇六韻與二〇六韻)

轉 攝	上平	上	去	入
內 1 通:	一東$_1$①	一董$_1$	一送$_1$	一屋$_1$
	二冬$_2$	[腫]	二宋$_2$	二沃$_2$
	鍾$_3$	二腫$_2$	用$_3$	燭$_3$
外 2 江:	三江$_4$	三講$_3$	三絳$_4$	三覺$_4$
內 3 止:	四支$_5$	四紙$_4$	四寘$_5$	

---

① 韻目前漢字數字是"平水韻"的目次,韻目右下角阿拉伯數字是《廣韻》的目次。韻目前無漢字數字者則是在"平水韻"中已併入前一韻。如鍾併入冬,脂、之併入支。下同。

	脂$_6$	旨$_5$	至$_6$	
	之$_7$	止$_6$	志$_7$	
	五微$_8$	五尾$_7$	五未$_8$	
內4遇：	六魚$_9$	六語$_8$	六御$_9$	
	七虞$_{10}$	七麌$_9$	七遇$_{10}$	
	模$_{11}$	姥$_{10}$	暮$_{11}$	
外5蟹：	八齊$_{12}$	八薺$_{11}$	八霽$_{12}$	
			祭$_{13}$	
			九泰$_{14}$	
	九佳$_{13}$	九蟹$_{12}$	十卦$_{15}$	
	皆$_{14}$	駭$_{13}$	怪$_{16}$	
			夬$_{17}$	
	十灰$_{15}$	十賄$_{14}$	十一隊$_{18}$	
	咍$_{16}$	海$_{15}$	代$_{19}$	
			廢$_{20}$	
外6臻：	十一真$_{17}$	十一軫$_{16}$	十二震$_{21}$	四質$_5$
	諄$_{18}$	準$_{17}$	稕$_{22}$	術$_6$
	臻$_{19}$	[隱]	[焮]	櫛$_7$
	十二文$_{20}$	十二吻$_{18}$	十三問$_{23}$	五物$_8$
	欣(殷)$_{21}$	隱$_{19}$	焮$_{24}$	迄$_9$
	十三元$_{22}$	十三阮$_{20}$	十四願$_{25}$	六月$_{10}$
	魂$_{23}$	混$_{21}$	慁$_{26}$	沒$_{11}$
	痕$_{24}$	很$_{22}$	恨$_{27}$	[沒]
外7山：	十四寒$_{25}$	十四旱$_{23}$	十五翰$_{28}$	七曷$_{12}$
	桓$_{26}$	緩$_{24}$	換$_{29}$	末$_{13}$
	十五刪$_{27}$	十五潸$_{25}$	十六諫$_{30}$	八黠$_{14}$(鎋)
	山$_{28}$	產$_{26}$	襉$_{31}$	鎋$_{15}$(黠)

轉 攝	下平	上	去	入
	一先$_1$	十六銑$_{27}$	十七霰$_{32}$	九屑$_{16}$
	仙$_2$	獮$_{28}$	線$_{33}$	薛$_{17}$
外8效：	二蕭$_3$	十七篠$_{29}$	十八嘯$_{34}$	
	宵$_4$	小$_{30}$	笑$_{35}$	
	三肴$_5$	十八巧$_{31}$	十九效$_{36}$	
	四豪$_6$	十九晧$_{32}$	二十号$_{37}$	
內9果：	五歌$_7$	二十哿$_{33}$	二十一箇$_{38}$	
	戈$_8$	果$_{34}$	過$_{39}$	
外10假：	六麻$_9$	二十一馬$_{35}$	二十二禡$_{40}$	
內11宕：	七陽$_{10}$	二十一養$_{36}$	二十三漾$_{41}$	十藥$_{18}$
	唐$_{11}$	蕩$_{37}$	宕$_{42}$	鐸$_{19}$
外12梗：	八庚$_{12}$	二十三梗$_{38}$	二十四[敬]映$_{43}$	十一陌$_{20}$
	耕$_{13}$	耿$_{39}$	諍$_{44}$	麥$_{21}$
	清$_{14}$	靜$_{40}$	勁$_{45}$	昔$_{22}$
	九青$_{15}$	二十四迥$_{41}$	二十五徑$_{46}$	十二錫$_{23}$
內13曾：	十一蒸$_{16}$	拯$_{42}$	證$_{47}$	十三職$_{24}$
	登$_{17}$	等$_{43}$	嶝$_{48}$	德$_{25}$
內14流：	十一尤$_{18}$	二十五有$_{44}$	二十六宥$_{49}$	
	侯$_{19}$	厚$_{45}$	候$_{50}$	
	幽$_{20}$	黝$_{46}$	幼$_{51}$	
內15深：	十二侵$_{21}$	二十六寑$_{47}$	二十七沁$_{52}$	十四緝$_{26}$
外16咸：	十三覃$_{22}$	二十七感$_{48}$	二十八勘$_{53}$	十五合$_{27}$
	談$_{23}$	敢$_{49}$	闞$_{54}$	盍$_{28}$
	十四鹽$_{24}$	廿八(儉)琰$_{50}$	二十九豔$_{55}$	十六葉$_{29}$
	添$_{25}$	忝$_{51}$	㮇$_{56}$	帖$_{30}$
	[嚴]	儼$_{52}$	釅$_{57}$	[業]
	十五咸$_{26}$	二十九豏$_{53}$	三十陷$_{58}$	十七洽$_{31}$
	銜$_{27}$	檻$_{54}$	鑑$_{59}$	狎$_{32}$
	嚴$_{28}$	[儼]	[釅]	業$_{33}$
	凡$_{29}$	范$_{55}$	梵$_{60}$	乏$_{34}$

《平水韻》的收字則可參考《佩文詩韻》或《詩韻合璧》。王力先生主編的《古代漢語》第四册所附《詩韻常用字表》亦可參考。

由於格律詩的傳統影響,"平水韻"不僅在元明以來的文學界,而且在整個知識界,可以說影響都是很大的。到現代做律詩,一般也還是要根據"平水韻"來選字用韻,講求四聲平仄也要遵守"平水韻",否則就會被認爲不合格律或被譏之爲沒有格律的"律詩"。我們並不贊同現代人做詩必須恪守"平水韻"的規定,最合理的要求是要通過詩人的努力發展出一種符合時代聲韻,又能得到大家認可的新的格律詩來。我們現在學習"平水韻",研究"平水韻",主要是爲了分析欣賞古代詩歌;同時還可以利用它來掌握古代的工具書。如《佩文韻府》《經籍籑詁》《助字辨略》《辭通》等都是按"平水韻"韻目編排的重要工具書。舊時打電報還用"平水韻"韻目指代每月初一至月末諸日(上半月用上平聲韻目一東至十五刪,下半月用上聲十六銑至二十八儉,二十九日、三十日則用去聲豔韻與陷韻,大月有三十一日,用"世"字)。如"馬日事變"的"馬日",指五月二十一日,"馬"是上聲二十一。

"平水韻"本來就不是完全根據口語編排的,它的一百零六韻是在《廣韻》的二百零六韻基礎上歸併的,只注意到合,沒有注意分,而客觀的語音變化則既有合流,又有分化。元明以後"平水韻"越來越脱離實際。比如元韻,早在唐代就已經從臻攝轉到山攝去了,可是在"平水韻"裏面,元韻還包括《廣韻》魂痕韻的字。這是作舊詩的人最頭痛的一件事,記不住,就容易犯出韻,所以在科舉時代有"該死十三元"的怨言。

詩歌本來發源於民間,律詩由於格律的束縛越來越脱離口語,宋元以後就基本上只在文人中間流行了。唐宋之間,又從民間發展出來一種新的自由的文學體裁,這就是"詞",元代又產生了"曲"。詞又叫"詩餘",曲也叫"詞",可見詩、詞、曲之間的密切關係。但宋詞的用韻和元曲的用韻都已打破了《平水韻》的體系。宋詞的用韻,不僅不符合《廣韻》系統,而且跟"平水韻"的體系也有很大距離。清人戈載《詞林正韻》(成書於道光元年,1821年)就是根據宋代詞人

的用韻歸納整理出來的。它分詞韻爲十九部,用的是《廣韻》的韻目①,即:

第一部　平聲東冬鍾,上聲董腫,去聲送宋用;

第二部　平聲江陽唐,上聲講養蕩,去聲絳漾宕;

第三部　平聲支脂之微齊灰,上聲紙旨止尾薺賄,去聲寘至志未霽祭泰⁎隊廢;

第四部　平聲魚虞模,上聲語麌姥,去聲御遇暮;

第五部　平聲佳⁎皆咍,上聲蟹駭海,去聲泰⁎卦⁎怪夬代;

第六部　平聲真諄臻文欣魂痕,上聲軫準吻隱混很,去聲震稕問焮恩恨;

第七部　平聲元寒桓删山先仙,上聲阮旱緩潸產銑獮,去聲願翰換諫襉霰線;

第八部　平聲蕭宵肴豪,上聲篠小巧晧,去聲嘯笑效号;

第九部　平聲歌戈,上聲哿果,去聲箇過;

第十部　平聲佳⁎麻,上聲馬,去聲卦⁎禡;

第十一部　平聲庚耕清青蒸登,上聲梗耿靜迥拯等,去聲映諍勁徑證嶝;

第十二部　平聲尤侯幽,上聲有厚黝,去聲宥候幼;

第十三部　平聲侵,上聲寢,去聲沁;

第十四部　平聲覃談鹽添嚴咸銜凡,上聲感敢琰忝儼豏檻范,去聲勘闞豔㮇驗陷鑑梵;

第十五部　入聲屋沃燭;

第十六部　入聲覺藥鐸;

第十七部　入聲質術櫛陌麥昔錫職德緝;

第十八部　入聲物迄月沒曷末黠鎋屑薛帖;

第十九部　入聲合盍業洽狎乏。

第一、二、六、七、十一、十三、十四部屬陽聲韻,第三、四、五、八、九、十、十二部屬陰聲韻,第十五部至第十九部爲入聲韻。每部的常用字在《古代漢語》第四册《詩韻常用字表》裏也標記出來了,可以參考。以《詞韻》十九部與《廣韻》系統比較一下,可以看出二者之間的發展變化,最突出的是《詞韻》進一步將《廣

---

① 仲恒的《詞韻》用"平水韻"韻目。

韻》音系合併了。大都是數韻合爲一部,有的甚至是一部跨兩個韻攝(如第二、三、十、十一部)。入聲韻雖還獨自爲部,但是[-p][-t][-k]尾已基本不分了。比如第十七部包括了質術櫛陌麥昔錫職德緝十韻,其中質術櫛三韻收原[-t],陌麥昔錫職德六韻原收[-k],而緝韻原收[-p]。這時的入聲韻尾的性質,很可能已演變爲一個短促的喉塞音[-ʔ]。陽聲韻部[-m][-n][-ŋ]三種韻尾的界限還是很清楚的,但它體現的是詞韻十九部的特點。二十世紀七十年代末八十年代初魯國堯教授對宋詞用韻做了全面深入的研究,取得一些新的成果,提出對宋代詞韻分部的不同意見[①]。

元曲用韻反映出來的情況又有新的變化。元人周德清根據當時諸名家(關漢卿、鄭光祖、馬致遠、白樸等)的戲曲用韻編纂成《中原音韻》一書(成書於泰定元年,即1324年)。他分十九個韻部,每個韻部下又依平聲陰、平聲陽、上聲、去聲歸字,凡聲、韻、調相同的字,都用圓圈隔開,共收字五千八百七十六個,約有一千六百二十二組同音字,一般不加注反切,亦無解釋文字。

《中原音韻》十九部如下(韻部的構擬參照今人的研究):

1. 東鍾 uŋ   2. 江陽 aŋ   3. 支思 ï   4. 齊微 i、ei
5. 魚模 u   6. 皆來 ai   7. 真文 ən   8. 寒山 an
9. 桓歡 ɔn   10. 先天 ien 11. 蕭豪 au   12. 歌戈 o
13. 家麻 a   14. 車遮 e   15. 庚青 əŋ   16. 尤侯 əu
17. 侵尋 əm 18. 監咸 am   19. 廉纖 iem

這十九部不僅與《廣韻》音系面貌全非,而且與宋詞用韻十九部也有很大的差別。它的突出特點有:第一,只有陰聲韻部和陽聲韻部,沒有入聲韻部;第二,新產生出支思和車遮兩個新的韻部;第三,桓歡部與寒山部分立;第四,陽聲韻仍然是[-m][-n][-ŋ]三類韻尾分立。

《中原音韻》的聲調變化也很突出:平聲分陰陽,入聲派入了陽平、上聲和去聲三聲,其規律是全濁變陽平,次濁變去聲,清聲母則讀上聲,尚無派入陰

---

① 魯國堯《宋代辛棄疾等山東詞人用韻考》,《南京大學學報》1979年第二期;《宋代蘇軾等四川詞人用韻考》,《語言學論叢》第八輯(1981)。

平的。

《中原音韻》的聲母系統,據研究已經只有二十五個了,這就是:

唇　音:	幫 p	滂 p'	明 m	非 f	微 v
舌　音:	端 t	透 t'	泥 n	來 l	
齒　音:	精 ts	清 ts'	心 s		
	知 tʃ	痴 tʃ'	十 ʃ	日 ʒ	
	之 tʂ	嗤 tʂ'	詩 ʂ	兒 ʐ	
喉牙音:	見 k	溪 k'	疑 ŋ	曉 x	影 ∅

這個聲母系統的最大特點是全濁聲母已經清化了。

總起來看,《中原音韻》音系已經很接近現代普通話的語音系統了。《中原音韻》的產生,是中國音韻學史上的一次重大的革新,它使中國音韻學進入了一個新的時期。可是《中原音韻》問世以後,長時期不爲人們所重視,甚至不被承認屬於音韻學範圍。在傳統的小學(經學的一個部分)裏沒有它的地位,在四庫(經、史、子、集)書目中,《中原音韻》不入經部,而被附在集部詞曲類。直到近代,五四運動以後,"國語"運動的興起,《中原音韻》才開始爲一些語言文字學家所注意。羅常培、陸志韋和趙蔭棠等先生曾寫了專著①,對《中原音韻》的音系分類、聲韻構擬及有關資料做了系統的研究。近幾十年來,研究《中原音韻》的人更多起來了。王力先生的《漢語史稿》(上册)就是把《中原音韻》音系作爲近代漢語語音的代表——漢語語音史的一個重要發展階段來論述的。二十世紀六十年代初,《中國語文》上還就《中原音韻》的性質和作用問題展開了討論。楊耐思、薛鳳生、李新魁和甯忌浮是八十年代研究《中原音韻》的著名學者②。

《中原音韻》以後,有關曲韻的韻書還有卓從之的《中州音韻》(1351 年),朱權的《瓊林雅韻》(1398 年),菉斐軒的《詞林韻釋》(又稱《詞林要韻》),章黼的

---

① 羅常培著《中原音韻聲類考》,陸志韋著《釋中原音韻》,趙蔭棠著《中原音韻研究》。
② 楊耐思《中原音韻音系》,中國社會科學出版社,1981 年;薛鳳生《中原音韻音位系統》,北京語言學院出版社,1981 年;李新魁《中原音韻音系研究》,中州書畫社,1983 年;甯忌浮《中原音韻表稿》,吉林人民出版社,1986 年。

《韻學集成》(1432—1460)，所傳《中原雅音》以及王文璧增注的《中原音韻》(1506年左右)等，這都是在《中原音韻》的影響下成書的。

明初樂韶鳳、宋濂等奉詔編了一部《洪武正韻》，成書於洪武八年即公元1375年。它分舒聲韻(包括陰聲韻和陽聲韻)為二十二部，入聲韻十部，共三十二部。從它的反切來看，它還保存全濁聲母，可能是根據當時南曲的用韻編成的。所以在音韻學史上影響不大①。在明代，古音學研究方面的代表人物有楊慎和陳第。楊慎的古音著述主要有《轉注古音略》《古音叢目》等，陳第則有《毛詩古音考》《屈宋古音義》等。明代的今音學即關於當時口語語音方面的研究，除了上述朱權的《瓊林雅韻》等以外，還有一部重要著作，就是蘭茂(廷秀)的《韻略易通》。此書有個特點，用一首《早梅詩》記錄了當時的二十個聲母，即：東[t]風[f]破[pʻ]早[ts]梅[m]，向[x]暖[n]一[∅]枝[tʂ]開[kʻ]，冰[p]雪[s]無[v]人[ʐ]見[k]，春[tʂʻ]從[tsʻ]天[tʻ]上[ʂ]來[l]。等韻學方面，明代有梅膺祚《字彙》所附《韻法橫圖》與《韻法直圖》，桑紹良的《青郊雜著》，呂坤的《交泰韻》等。此外還有徐孝的《重訂司馬溫公等韻圖經》，它的聲母系統與《早梅詩》所記相似，它的韻母系統分十三攝，實際是十三個韻部，與後代的十三轍大同小異。這些在音韻學上都是很重要的文獻。

清代，由於經學的發展，特別重視訓詁學、文字學和考據學，所以古音學也有很大的發展。這在上一節已經介紹過了。清代的今音學也是很有成績的，如清初樊騰鳳的《五方元音》以及後來李汝珍的《李氏音鑑》，無名氏的《圓音正考》等。等韻學方面則有《康熙字典》書前所附《字母切韻要法》圖。此圖的聲母系統沒有明顯特點，仍採用傳統的三十六個字母，但它的韻母系統有很大的變化，幾乎與十三轍差不多了。

"五四"以後，一些從歐美和日本留學回來的學者，將普通語言學的理論運用到中國音韻學的研究上來，取得了很大的成績，代表人物有錢玄同、趙元任、李方桂、羅常培、王力、陸志韋、張世祿、魏建功、董同龢、周祖謨、周法高、嚴學宭等先生，他們有的在整理傳統音韻學方面做出了很大的貢獻，有的在介紹西方漢學家(如高本漢)的研究成果方面做了許多工作，有的在運用歷史比較法

---

① 參看甯忌浮《洪武正韻研究》，上海辭書出版社，2003年，

構擬《廣韻》音系和上古音方面做了新的嘗試。總之,他們將中國傳統音韻學推進到新的階段,走向了現代化。

　　但是,在二十世紀前期和中期,音韻學研究還偏重於上古音和中古音,如上古音韻部的進一步劃分。上古音值的構擬,《切韻》音系的研究等;近代音部分只有《中原音韻》的研究較爲深入。同時漢語語音通史的建立也初具規模。到了二十世紀二十年代以後,漢語音韻學的研究和教學獲得了空前的發展,研究領域大爲拓展。上古音和中古音研究開展得更爲廣泛、深入,各類音注材料、梵漢對音等得到關注。近代音的研究成績更爲突出。大量的本韻書如《洪武正韻》《合併字學集韻》《五方元音》等,大量的以西方羅馬字母爲漢字注音的文獻、朝鮮文注音、八思巴字注音等資料被廣泛運用。二十世紀七十年代末,中國社會科學院語言所成立了近代漢語研究室,也表明了近代漢語語音受到重視。中國音韻學研究會成立以來的數十年間,通過多次學術研討會等形式組織全國並聯絡海外的音韻學者進行學術交流,對於學科的發展起到了重要的推動作用。新中國成立後開始重視接近口語的唐詩、宋詞和元曲的用韻研究,王力先生開創漢語語音史的研究。

　　此外還開拓了一些新的領域,如羅常培先生曾提出的戲曲音韻學,林燾先生等已纂寫一部"京劇音韻學"。但是,由於電子計算機的運用,如何在音韻學中實現現代化,如何把現代新的歷史語音學理論、方法運用到中國音韻學上來,還是一個繼續研究的課題。當前還有一個重要的任務,就是要進一步普及音韻學的知識。過去由於漢字不是拼音文字,把本來是"口耳之學"的音韻學,弄得很玄虛,很神秘,把韻書看作是"天書",把音韻學看作是"絕學",使初學的人望而生畏。我們要打破音韻學的神秘感,要努力使它通俗易懂,深入淺出,讓更多的人掌握音韻學,把音韻學的知識正確地運用到古典文學、古代史研究和古籍整理工作中去。

主要參考書目

加 * 號者爲學生必備的參考書

* 王　力《漢語音韻》(中華書局)
　羅常培《漢語音韻學導論》(中華書局)
　董同龢《漢語音韻學》(臺北文史哲出版社)
　唐作藩《漢語音韻學常識》(上海教育出版社)
　王　力《漢語音韻學》(中華書局)
　李思敬《音韻》(商務印書館)
　林　燾、耿振生《聲韻學》(臺北三民書局)
　李　榮《切韻音系》(科學出版社)
　邵榮芬《切韻研究》(中國社會科學出版社)
　張世祿《廣韻研究》(商務印書館)
　趙蔭棠《等韻源流》(商務印書館)
* 陳彭年等《廣韻》
* 無名氏《韻鏡》
　陳　澧《切韻考》
　中國社會科學院語言研究所《方言調查字表》(商務印書館)
* 丁聲樹編錄、李　榮參訂《古今字音對照手册》(中華書局)
　高本漢《中國音韻學研究》(商務印書館)
　李方桂《上古音研究》(商務印書館)
　雅洪托夫《漢語史論集》(北京大學出版社)

唐作藩《上古音手册》增訂本(中華書局)
趙蔭棠《中原音韻研究》(商務印書館)
陸志韋《釋中原音韻》(燕京學報第三十一期)
楊耐思《中原音韻音系》(中國社會科學出版社)
王　力《漢語語音史》(中國社會科學出版社)
趙元任《語言學論文集》(商務印書館)
唐作藩《漢語語音史教程》(北京大學出版社)

術語、人名及論著索引

A

礙喉 44

B

白滌洲 87,88,105

白居易 51

半閉元音(half closed vowel) 34

半齒音(dorso-nasal fricatives) 28－31,53,55,90,92,113

半開元音(half open vowel) 34

半清半濁 32

半舌音(lateral) 28－31,53,55,90,92,113

半元音(semivowel) 26,32,95,137

北方方言(North Mandarin) 41,49,98,122

《北京方音析數表》14

北京話(音) 12,47－49,81,96,97,134

北音學 3

《邶風·匏有苦葉》143

被切字(spelled word in Fan Qie) 17,20,21,86,87,136－140

鼻化元音(nasalized vowel) 35

鼻音(nasal) 24,30,32,35,40,44,137

鼻音韻尾(nasal ending) 40－42,121

閉口 2,44

閉口呼 39

閉口音 44

閉元音(blocked vowel) 34

邊音(lateral) 24,30,32

標準元音(standard vowels) 34

博白話 49

補充條例 84－86,102,103

不帶音(voiceless) 24,31

不清不濁(semi-muddy;liquad) 32

不送氣(unaspirated) 5,24－26,31,32,96－98,127,128,136－138

不圓唇元音(unrounded vowel) 35

C

擦音(fricative) 24,30－32,97

《草書韻會》150

《禪母古讀考》148

顫音(trill;rolled) 24

長平(long even) 148

長入(long entering) 148

長沙方言 41

長言 2

潮州方言(話) 41,119

陳第 142,157

陳澧 18,29,32,57,83－87,92,102－104,108,130,131

《陳澧切韻考辨誤》88,104

齒頭音(dental sibilant) 27－30,89,92,112

齒音(apical sibilant) 27－30,53,55,59,92,112－114,146

《重訂司馬温公等韻圖經》61,157

重紐(doublet) 104,105

初發聲(unaspirated) 32

《楚辭》136,141

穿鼻 44

唇齒音(labio-dental) 25,98

唇音(labial) 26－30,53,55,59,85,86,89,91,95,98,104,106,113,128,139,140

唇音分化 98

《詞林韻釋》(《詞林要韻》) 156

《詞林正韻》44,153

《詞韻》154

《辭海》6,17,20

《辭通》6,153

《辭源》5,6,17,20

次大 57

次清(semi-clear; aspirate surd) 28,31,32,53,55,59,85,89,112,124,125,138

次濁(semi-muddy; liquad) 28,31,32,49,53,59,85,89,113,124－126,137,138,155

促聲(checked tone) 50

撮口呼(撮,撮口)(pursed mouth) 4,15,20,21,39,40,117,118,120,122,123,132,138,139

D

《大戴禮記》1

大谷光瑞 67

大韻 65

帶音(voiced) 24,32

戴震 43,64,71,74,77,83,103,144

到紐 22,23

《登鸛雀樓》9

等(grade; division) 51,56－60,88－92,104,110－116,118－123,128,132－134

等韻 3,59,88

等韻圖(韻圖)(rhyme table) 3,38,51－56,59－61,71,83,88,98,101,108,110－116,130－133

等韻學 3,38,52,57－59,108,111,130,157

《等韻一得》32

抵齶 44

第二人稱代詞(the second personal pronoun) 148

第一人稱代詞(the first personal pronoun) 7,8

遞用 83,84,102,103

調類(toneme) 46－48,50,78,82,123－125

調值(tone value) 46,47,49,50,78,123

叠韻 21－23,64,83,102

丁度 68,149

丁聲樹 116

董同龢 157

洞口方言 42

獨用 71－74,149,150

讀如 2,17,146,147

讀若 2,17,19,146

讀爲 2,146

讀曰 2,146

杜甫 36,37,135

杜臺卿 63,78

《度曲須知》44

短平(short even) 148

短入(short entering) 148

短言 2

段弘 63

段玉裁 81,130,144,145,148

對音(譯音)(transliteration) 110,147,158

《敦煌掇瑣》27,67

E

《爾雅》2

《爾雅·釋樂》29

《爾雅音義》18

二百零六韻 69,153

二等(grade two;second division) 49—51

F

發音(unaspirated) 32

發音部位(place of articulation) 24,25

發音方法(manner of articulation) 24,25,32

樊騰鳳 157

反切(Fan Qie 切語) 16—22,52,64,82—87, 102,135—140

反切上字(切上字,切語上字,上字)(first word in Fan Qie) 16,17,19—21,26,37,52,82—92, 103,136—140

《反切釋要》140

反切下字(切下字,切語下字,下字)(second word in Fan Qie) 16,17,19—21,37,52,75, 87,89,102—110,112,136—140

反語(Fan Qie) 18

梵文(Sanskrit) 18,27,60,64

《方言》2,41,116

《方言調查字表》6,81,115

方以智 31,32

分析條例 83,102,103

《封氏聞見記》66,149

封演 66,149

蜂腰 65

拂(fricative) 32

服虔 17

輔音(consonant) 24—27,33

腹(nuclear vowel) 14

G

高本漢(B. Karlgren) 30,77,87,88,105,134,157

《高僧傳》64

高誘 17

戈載 44,153

構擬(重建)(reconstruction) 30,116,130—134, 156,158

古本聲十九紐 148

《古代漢語》37,51,144,153,154

《古今韻會》150

《古今韻會舉要》150

《古十七部諧聲表》145

《古無輕唇音》146,147

古音(上古音) 141

《古音娘日二紐歸泥說》147

《古音無邪紐證》148

古音學 2

《古韻標準》135,144

古韻二十八部 144

古韻二十二部 144

古韻二十九部 144

古韻二十三部 144
古韻二十五部 144
古韻二十一部 144
古韻三十部 144
古韻十部 144
古韻十八部 144
古韻十七部 144
古韻十三部 144
顧炎武 7,143,144,148
顧野王 2,29
《官話方言的分區》41
《廣雅》2
《廣韻》3,5-7,9,10,13,19,20,22,37,38,
　　40-42,44,57-61,63,66-71,74-77,79,
　　81-92,95-98,100-124,128-136,139,
　　141,143,147,149,150,153-156,158
《廣韻校本》76,77,102
《廣韻聲紐韻類之統計》87
廣韻學 3
廣州話 6,35,40,41,45,49,50,119
《歸三十字母例》27,28
《國故論衡》27,77
《國故新探》14,44
國際音標(international phonetic alphabet, IPA)
　　4,14,15,25,26,34,118

H

韓道昭 149
漢口方言 41
《漢書·地理志》18,146
《漢書·杜鄴傳》1
《漢書·高帝紀》17
《漢書音義》2

《漢書注》18
漢音(Kan-on) 129-131
漢語詞源學(Chinese Etymology) 8
漢語拼音方案 14,21
《漢語史稿》9,105,144,148,156
《漢語音韻》30
《漢語音韻講義》116
漢語音韻結構(Chinese syllable structure) 13
《漢語音韻論文集》88
漢語音韻學(Chinese Phonology) 3
《漢語音韻學》105
合口呼(合,合口)(close mouth) 4,15,20,38-
　　40,78,98,110,111,117,118,120,122,123,
　　132,138,139
合音詞 13
鶴膝 65
橫口 2
洪 57,58,108,110,111,115,132
洪榜 32
洪大 57,58
《洪武正韻》7,157,158
洪音(broad sound) 110,111,115,132,133
喉塞音(glottal stop) 25,41,95,122
喉音(glottal) 25,27-31,53,55,59,89,91,92,
　　113,114
喉中音(glottal) 27
後低元音(back low vowel) 34,60,115,119
後高元音(back high vowel) 34,109
後元音(back vowel) 34,35,60,78
呼 20,56-58,88,110
互見 84-87,103
互用 83,84,102,103

《淮南子》(《淮南》) 17
《淮南子·地形訓》17
《淮南子·原道訓》17
緩氣 2,17
緩言 2
《皇極經世·聲音倡和圖》61
黃公紹 150
黃侃 87,104,144,148
混呼 39

J

基本條例 83—85,102,103
《積草嶺》37
急氣 2,17
急言 2,17
《集韻》7,20,68,74,87,149
戛 32
迦葉摩騰(Kāśyapamataṅga) 64
假二等(false second division) 114—116
假借 7,8,17
假四等(false fourth division) 114—116
賈昌朝 68
尖音 99
江永 10,31,32,39,43,57,135,144,148
江有誥 130,144,148
姜亮夫 67
《交泰韻》20,157
介音(medial) 14,21,36,37,39,56,58,59,69,90,106,108,110,111,116,119,122
今音學 3
近代語音學(modern phonetics) 3
晉城方言(話) 9,124
《晉書音義》2

晉語 18,41
《經典釋文》18,80,142,147
《經籍纂詁》6,153
《經史正音切韻指南》61,109,110
《經義述聞》8
《經傳釋詞》6
頸(medial) 14
《九章·涉江》9
捲舌音(retroflex) 95,97,100,101,123
捲舌元音(retroflex vowel) 35

K

開口呼(開,開口)(open mouth) 4,15,20,21,38—40,56—58,78,92,98,99,104,108,110,111,117,118,120—123,132—134,138,139
開元音(open vowel) 34
開韻尾(open ending) 40,41,121,128
《考定廣韻獨用同用四聲表》71,103
《刊謬補缺切韻》66—68,71,104,107,108
《刊誤·切韻》77
《康熙字典》7,20,131,157
考古派 144
客家方言(話) 18,39,41,98,119
孔廣森 44,144,148
《孔子家語》146
口元音(oral vowel) 35
昆明方言 39

L

拉丁字母(Latin Alphabet) 21
勞乃宣 32
蘭茂 157
類隔 86,87,147

《類音》20,39

《禮部韻略》149

《禮記·檀弓下》146

李白 9

李登 2,31,63

李方桂 11,131,157

李涪 76

李光地 21

李季節 63,78

李榮 41,67,104,116

李汝珍 19,157

李若 66,78,79

《李氏音鑑》19,157

李新魁 156

歷史比較法(Historical Comparative Method) 130—132,157

歷史語音學(歷史音韻學)(Historical Phonology) 1,3,11,158

欒(lateral) 32

斂唇 39,44

《梁書·沈約傳》46,63

零聲母(zero initial) 14,17,20,21,24,31,95,96,137,138

劉復(半農) 14,27,49,65

劉淇 6

劉善經 63

劉熙 2,17,147

劉淵 150

劉臻 66,77—80

六經 2,17,80

六藝 1,2

盧思道 66,78—79

《盧宗邁切韻法》3

魯國堯 155

陸德明 18,80

陸法言 2,66,67,77,79,80,83,107,149

陸志韋 88,156,157

菉斐軒 156

呂忱 2

呂靜 2,63,78

呂坤 20,21,157

《呂覽》17

《論聲韻組成字音的通則》14

羅常培 11,50,60,67,134,156—158

羅馬字母(Roman Alphabet) 21,158

M

《毛詩古音考》142

《毛詩音》142

梅州話(方言) 5,6,10,39,41

梅耶(A. Meillet) 134

梅膺祚 39,157

孟康 17

閩方言 18,147

摩多(轉聲)(mata) 27,60,64

N

捺(nasal) 32

南昌方言(話) 43,119,132

《南史·陸厥傳》45

內收聲 32

內轉(the Inner Contrast) 59,60,110,111,113

甯忌浮 156,157

P

潘耒 20,21,39

旁紐 65

旁轉 43

《佩文詩韻》153

《佩文韻府》6,153

譬況 17—19

拼音文字(alphabetic script) 10,13,17—19,27,
33,59,134,158

拼音字母(alphabetic letter) 21

平分陰陽 68,123—125

平聲(平)(even) 4,10,19,22,23,36—38,44—
46,48—51,53—59,64—65,67—72,74—78,
84—86,96—98,100,102,103,105—112,116,
119,123—125,127,128,132,135—137,148,
149,154,155

《平水新刊韻略》150

平水韻 6,150,153,154

《平水韻》(《壬子新刊禮部韻略》) 36—38,
150,153

平頭 65

平仄 9—11,50,51,64,65,136,153

普通話(Putonghua;Mandarin Chinese) 4—6,
9—12,14,18—20,24,25,30,33—36,39—42,
45,46,50,52,57,75,81,86,95—100,
117—129,132,135—139,141,156

普通語音學(general phonetics) 1,3

Q

《七音略》3,56,60,61,71,109,114

齊齒呼(齊,齊齒)(even teeth) 4,5,15,20,39,
117,118,120,122,132,138,139

齊齒捲舌呼 39

齊捲而閉呼 39

齊梁體 65

起(initial) 14

前低元音(front low vowel) 34,133

前高元音(front high vowel) 34,58,116

前元音(front vowel) 34,60,78,99,116

錢大昕 29,146,147,150

錢玄同 11,87,148,157

切音字運動 21

《切韻》2—3,38,60,61,63,66—68,71,75—78,
80—83,85,86,106—108,120,149,158

切韻法 3

《切韻考》18,29,67,83,87,88,102,104,131

《切韻五聲五十一紐考》88

《切韻聲原》31,32

《切韻序》67

切韻學 3

《切韻研究》67,92,105

《切韻音系》67,104

切韻之學 3

《切韻指南》61

《切韻指掌圖》54,55,61,114,115,131

《秦風・終南》143

《青郊雜著》157

清(voiceless;clear) 26,28,31,32

《清明》36

清聲母(voiceless initial) 12,19,20,48,95,97,
126,127,136—138,155

清音(voiceless sound) 24,31,96—98,100,114,
124,127,137,138

清濁 17,19,31,32,48,53,55,77,79,83,112,

124,130,136

輕(dose mouth) 31,56,57

輕中輕 56

輕中重 56

輕唇音(labio-dental) 28,29,55,86,89,91,95,
98,140,146,147

《瓊林雅韻》156,157

《求進步齋·音論》87

《屈宋古音義》157

屈原 9

曲韻六部 44

去聲(去)(departing; falling tone) 4－7,16,22,
36－38,44－53,55－57,59,64,67－72,74－
78,83－85,96－98,102,103,105－111,114,
116,119,120,123－128,133,138,141,147－
150,152－155

全清(clear; unaspirate surd) 28,31,32,53,54,
59,85,89,96,112,124,125,127

全濁(muddy; sonant) 5,12,28,31,32,48,49,
53,59,75,85,89,95－100,112,113,124－
126,136－138,155－157

R

《壬子新刊禮部韻略》151

入派三聲 126

入派四聲 123,126

入聲(入)(entering) 5－7,9,12,22,23,37,41,
45,46,48－53,55－57,62,77,78,83,96,119,
123,124,126－129,136,148,155

入聲韻(Ru rhyme) 35,40－45,67－69,71,72,
74－76,98,103,105,106,108－110,112,116,
118,119,122,144,154,155,157

阮元 5

S

塞擦音(affricate) 24,30－32,96－98,127

塞音(stop; plosive) 24,30－32,36,96－98,127

塞音韻尾(stop ending) 40,41,121,122

三等(third division; grade three) 56－60,88－
92,98,104,110－116,118,119,122,123,128

三十五聲母 91,92,95,96,112,123,115

桑紹良 157

陝北方言 41

閃音(flapped) 24,30

上古三十二聲母 148

《上古音手冊》146

上口字 100

上聲(上)(rising tone) 4,16,22,37,44－53,55－
57,59,64,67－72,74－76,78,79,86,96－98,
102,103,105－111,116,118,120,123－128,
133,136,138,141,148－150,152－155

上尾 65

上陽入 48

上陰入 45,48,119

《尚書大傳》146

《尚書·禹貢》146

邵榮芬 67,92,105

邵陽方言 24

邵雍 61

邵作舟 32

舌腹 2

舌根音(velar) 28－30,95,99

舌尖音(apico-dental) 30,95

舌尖後音(retroflex) 25,26,30

舌尖後元音 35

舌尖前音(apico-dental) 25,28,30,99

舌尖前元音 35
舌尖元音(apical vowel) 26,35,101
舌尖中音(apico-alvelar plosive) 25,30
舌尖中元音(retroflex vowel) 35
舌面鼻音 30
舌面後音(velar) 25,26,29
舌面前音(alveolo-palatal) 25,26,30,99
舌面央元音 35
舌面元音 26,34,35
舌面中音(palatal) 25,26
舌上音(dorso-prepalatal plosives) 27－30,55, 86,89,146,147
舌頭音(apico-alvelar plosive) 2,27－30,55,86, 89,146,147
舌向上呼 39
舌葉音(laminal) 25,26,97,101
舌音(apical occlusive) 27－30,53,55,59,86, 91,92,113,114,128,146
《舌音類隔之説不可信》146
神(tone) 14
沈寵綏 44
沈約 45,46,63－65
沈重 142
《審母古讀考》148
審音派 144
聲調(調)(tone) 4,6,7,12－17,19,20,25,31, 36,37,40,41,44,55,59,65,68,77,78,82,97, 106,112,119,123,124,127,135－137,148, 149,155
聲符 129,145
聲近 2,8
聲類 25,26,37,79,83－87,90－92,102,103, 105,130
《聲類》2,31,63
《聲類考》75
聲母(聲,聲紐,紐)(initial) 4,5,7－9,11－17,19 －21,23－32,39,45,48,49,51－61,65,69,81 －86,89－92,95－104,106,108,111－116, 119,121－132,134－139,146－148,156,157
聲同 2,8
聲訓 146,147
《聲韻》63
《聲韻考》64,71
聲韻學(Chinese Phonology) 1
《詩集傳》142
《詩經》3,8,9,37,130,136,141－145,148
《詩經·邶風·谷風》146
《詩經·邶風·匏有苦葉》8
《詩經·邶風·燕燕》142
《詩經·大雅·皇矣》146
《詩經·小雅·采薇》146
《詩經·小雅·庭燎》145
《詩經·周南·葛覃》7
《詩韻常用字表》153,154
《詩韻合璧》153
《十駕齋養新錄》29,146
十六攝 38,59－61,109,110,120,122,150
十三轍 110,121,157
《十韻彙編》67
實驗語音學(experimental phonetics) 1
《史記·夏本紀》146
《釋名》2,17,147
收(收音)(ending) 14
收聲 32

守温 27,29,56—58

守温三十字母(三十字母) 27,29

《守温韵学残卷》27

《书经》8

舒(medial) 14

舒促 50

舒声(舒声调)(non-checked tone) 50,105, 106,119

舒声韵 98,119,128,157

双唇音 24,98

双反语 22

双声 21—23,26,64,65,83

双声叠韵 21—23

双声叠韵法 22

双声联绵字 21

《说文解字》(《说文》) 2,17,64,67,102,146,147

《说文通训定声》6

四等(fourth division) 56—60,88—92,104, 110—116,118,119,122,123,128,132

四呼(four voices) 20,39,122,123

四角标调法 50

四角标圈法 50

四声(four tones) 2,4,31,45—51,55,57,64,65, 68,71,74—76,82,103,110,123,124,148,153

《四声》63

四声八病说 65

《四声等子》61,109

《四声论》63

《四声谱》46,63

《四声切韵》46,63

《四声实验录》49

四声相承 103,106

《四声韵和表》32

《四声韵林》63

《四声指归》63

四十七声类 87,88

四十三转 60,61,110

四十一声类 87

宋濂 67

宋人三十六字母(三十六字母) 6,25,28—30, 32,53,55,61,82,84—86,88,89,91,92,100, 111—114

送气(aspirated) 24,26,31,32,96—98,127, 136—138

送气声(aspirated) 31,32

苏鹗 77

苏州话 12,119

《隋书·经籍志》2,63,66

《隋书·潘徽传》31

孙愐 31,66,67

孙炎(叔然) 18

T

太原方言 43

唐兰 67

《唐五代韵书集存》28,67

唐钺 14,44

《唐韵》7,31,63,66—68,76,86,143,149

体文(vyanjanam) 27,60,64

天津话 47

通城方言 44

通假异文 146

通假字 2,7,8,136

同化作用(assimilation) 98

同谐声者必同部 145

同用 71—74,83,102,149,150
《同源字典》8
頭(initial) 14
透 32
團音 99

W

外收聲 32
外轉(the Outer Contrast) 60,104,109,111
王斌 63
王二 67
《王風·君子于役》143
王國維 67,150
王力 8,9,11,30,38,51,105,132,144,148,153,
　156—158
王念孫 8,144,148
王仁昫 67,68,71,104,107
王三 67
王肅 18
王文璧 157
王文郁 150
王一 67
王引之 6,8
王之渙 9
尾(ending) 14
《衛風·氓》143
魏建功 11,67,157
魏彥淵 66,78,79
《文字學音篇》87
聞一多 10
《問劉十九》51
嗚音 44
吳方言 11,12,18,24,41,42,77,98,122,147

吳音(Wu Dialect;Go-on) 77,131—133
五度標調法 50
《五方元音》157,158
五十一聲類 88—92
五音 11,27—29,53,55,83,85,112,114,130
《五音集韻》150
《五音聲論》29

X

悉曇(siddham) 27,64
細 5,7—58,108,110,111,115,132,134
細音(fine sound) 58,110,111,115
系聯法 83—86,88,102—104,128
下陽入 48,50
下陰入 45,48,50,119
夏侯詠 63,78
廈門話(方言) 9,39,41,147
《現代漢語詞典》5
現代普通話語音結構 14
現代詩韻十八部 121
現代語音學 11,24,25,30,31,49,56,58,116
湘方言 12,24,98
蕭該 66,78,79
小舌音 25
小學(Chinese Philology) 1—3,156
《小學考》3
《小雅·六月》143,145
《小雅·沔水》143
《小雅·十月之交》143
小韻 65
叶音說 142
謝啓昆 3
辛德源 66,78,79

《新華字典》5
《新校互註宋本廣韻》76,85
熊忠 150
徐孝 61,157
許敬宗 149
許慎 2,17
薛道衡 66,77,78,80

Y

押韻(rhyme, rhyming) 2,9—11,36,37,44,64,
　121,130,141—143
牙音(velar) 27—30,53—55,59,89,91,92,
　113,121
顏師古 2,17
《顏氏家訓》18,80
《顏氏家訓·音辭篇》17,46,63
顏之推 17,18,46,63,65,66,78—80
嚴學宭 157
央元音(central vowel) 34,35
陽(Yang) 4,31
陽調(lower tone) 31,50,136
陽平(lower even tone) 5,19,20,40,47—50,
　123,124,126—128,136—138,155
陽去(lower departing tone) 48—50
陽入(lower entering tone) 48—50
陽上(lower rising tone) 48—50
陽聲韻(Yang rhyme) 40,42—44,50,74,75,
　103,105,108,118,119,121,129,144,145,
　154,155,157
陽休之 63,78
揚雄 2,78
楊耐思 156
楊慎 157

一百零六韻 150,153
一等(first division; grade one) 7,56—60,88,90,
　110—116,118,121,122,132—134
噫音 44
音長(duration) 45,148
音高(pitch) 13,45,46,123,148
音和 86,87
音節(syllable) 13,14,18,44,51—54,58
《音譜》63,78
音素(phone) 13,14,17,44
《音學辨微》10,31,39,57
《音韻闡微》21
音韻學(Phonology) 1—12
陰(Yin) 4,31
陰調(upper tone) 31,50,136
陰平(upper even tone) 19,20,40,47—50,123,
　124,126,127,136,137
陰去(upper departing tone) 48,49
陰入(upper entering tone) 48,49
陰上(upper rising tone) 48
陰聲韻(Yin rhyme) 23,40—45,50,74,105,106,
　108,118,119,121,122,128,144,145,152—155
陰時夫 150
陰陽 4,31
陰陽對轉(對轉) 43,145
殷煥先 140
應劭 18
《瀛涯敦煌韻輯》67
永明體 65
游國恩 10
又音(又切) 69,70,74,75,84—87,103
余迺永 76,85

《喻母古讀考》148
語音(speech sound) 1,3—11
語音學(phonetics) 1,3,4,11,13,22,24,31,33,36,99,108,130,134
《玉階怨》9
《玉篇》2,29
《玉鑰匙歌訣》49
元音(vowel) 4,20,21,26,27,33—36,45,51,58—60,64,115,121,133
元音舌位圖(vowel quadrilateral) 34
元音韻尾(vowel ending) 40,121,128
袁子讓 49
圓唇元音 26,35
《圓音正考》99,100,157
粵方言(Cantonese) 12,18,40,41,50,147
樂韶鳳 157
韻(rhyme) 36—38
韻部 7—9,36—38,59,81,105,120,121,130,141,143—145,155,157,158
《韻法橫圖》157
《韻法橫直圖》39
《韻法直圖》157
《韻府群玉》150
韻腹(nuclear vowel) 14,15,25,36—39,58,119
《韻集》2,63,78
《韻鏡》3,53—56,59—61,71,92,98,103,104,109—111,113,114,131
韻類 36—38,83,101—108,110,111,115,119,130
《韻略》63,78
《韻略易通》157
韻母(韻)(final) 4,6,9—17,19—21,27,33—41,43—45,51—57,59—61,69,75,79,82—84,90,99,101,102,105—111,113—123,131—135,138—140,157
韻目 6,36,38,53,55—57,61,68,69,75,76,82,102,105,107,108,114,118,149,150,153,154
韻攝(攝)(She) 38,58,108—111,118—120,155
韻頭(medial) 14,15,36—40,90,99,110,119,122
韻尾(ending) 12,14,15,21,36—44,50,56,58,59,69,106,109—111,119,121,122,128,141,142,155
《韻學集成》157

Z

《早梅詩》157
仄聲(仄)(oblique tone) 10,51,64,65,96—98,100,127,137
曾運乾 88,148
展輔 44
《戰國策》8
章太炎 27,77,144,147
章黼 156
張諒 63
張世祿 11,157
張天錫 150
張煊 87
張揖 2
趙蔭棠 156
趙元任 11,49,131,157
正齒音(retroflex sibilant) 27,29,89,90,111,112,146
正紐 23,65
鄭玄 17,146

直喉 44
直音法 17,18
《中國音韻學研究》87,105,131
《中國語文》77,156
《中國語言字調的實驗研究法》49
中原雅音 101
《中原雅音》157
《中原音韻》3,101,125-127,155-157
《中原音韻》二十五聲母 156
《中原音韻》十九部 155
《中州音韻》156
重(open mouth) 56
重唇音(bilabial) 28,98,140,146
重中輕 56
重中重 56
周法高 157
周公 2
《周禮·保氏》1
《周禮·夏官·職方氏》146
《周南·芣苢》142
《周南·關雎》141
周思言 78
周研 63
《周易音》18
周顒 46,63,64

周祖謨 28,67,76,77,88,102,104,125,148,157
朱駿聲 6,144
朱起鳳 6
朱權 156,157
朱熹 142
竺法蘭(Dharmaratna) 64
主要元音(nuclear vowel) 9,14,15,21,36-38,
　　43,56,58,59,69,106,109-111,115,116,
　　119,120,141,143
《助字辨略》6,153
轉 59-61
《轉注古音考》157
卓從之 156
濁(voiced; muddy) 26-28,31,32,48,53,89,
　　112,114,124
濁上變去 123,125,126,138
濁聲母(voiced initial) 12,20,24,136,137
濁音(voiced sound) 23,24,31,97,124
《字彙》39,157
《字林》2
字母(母) 25-29,57,85
《字母切韻要法》131,157
《字學元元》49
縱(nuclear vowel) 14

(張渭毅　編製)

附

遊音韻山記
——記魯國堯先生的漢語音韻學課

南京大學中文系 98 級博士生　王建軍

　　假期結束,扳起指頭一算,離 L 先生規定交作業的最後期限已不遠。無奈,只好鋪開稿紙,做那篇令人頭疼的命題作文——"聽了音韻學課後"。搜腸刮肚半天,一時竟不知從何落筆。枯坐無聊之際,止不住一陣睏意襲來,索性把筆一撂,伏案而眠起來。

　　朦朧間,忽聽得同窗兼室友小張在急促地招呼:"老王,快走,L 先生要帶我們去爬山嘍!""爬山,哪有這種閑情逸致?"不過轉念一想,作文寫不出,急也沒用,不如且去散散心。鑒於以往的經驗,爲了防備 L 先生搞突然襲擊,即興抽查三十六字母、二百零六韻的背誦情況什麽的,我多了個心眼,出門前將幾本可以救急的書一古腦兒塞進了包裹。

　　來到南苑門口,只見 L 先生已在,周圍聚了一大幫師兄師弟師姐師妹。L 先生今日的裝束一改往日儒者風範:頭戴避風帽,足蹬防滑靴,手執登山杖,一副旅行家兼探險者的架勢。

　　一看人已到齊,L 先生宣布:"今天我領大家去遊覽南京的音韻山。"音韻山？這可是中國的三大怪山之一。聽説此山怪石嶙峋,溝壑縱橫,並且常年雲遮霧罩,一直蒙着神秘的面紗。有人想去尋古訪幽,但一輩子都沒找着進山的路徑;而有人雖說進了山,却再也未見出來。所以,我等雖來南京多時,至今尚不識音韻山之真面目。此番有 L 先生帶隊,大家自然躍躍欲試,恨不能立時生出雙翅,直飛山巔。

　　眨眼工夫,一行來到山脚。放眼望去,只見雲霧中隱約透出三座山峰,如三柄倒插的寶劍。衆人由不得吸一口涼氣,原先的十分雄心差點走失了九分。

L先生不動聲色地介紹道："音韻山共有三座峰：上古峰、中古峰和近古峰，其中以主峰中古峰最爲挺拔險峻。我們今天就先征服中古峰。只要登上此峰，其他兩峰都不在話下。下面，就請大家先檢查一下登山工具是否齊備。"我正茫然不知就裏，只見身邊同學已紛紛從包裹掏出《音韻學教程》《廣韻》《韻鏡》和《方言調查字表》等物。哦，這就是所謂的工具，幸好我也隨身帶着。

一切準備就緒，衆人開始登山。奇怪，以往我也同幾個朋友來此探過險，但就是找不着進山之路，每次都是無功而返。這回隨着L先生，竟然不知不覺地就進去了。

進山不久，迎面是一個山洞，洞口坐着一位已顯龍鍾之態的老和尚。衆人正自詫異，L先生馬上告知："這是大名鼎鼎的守溫法師和三十六字母洞，法師自唐代即隱居於此，他不念什麽《金剛經》《法華經》，整天就叨咕三十六字母經。"衆人趕忙進洞，只見洞中上下分布着三十六塊鐘乳石，每塊各標一字，無非是"幫滂並明""見溪群疑"之類。衆人一邊攝影留念，一邊隨着法師暗誦一氣，早已記了個大概。

告別法師，拾級而上，隱隱聽到前方傳來"叮咚"的泉水聲。L先生伸手一指："四聲泉到了。"衆人趕緊趨前，只見泉水從石間汩汩滲出，正流入下面的深潭之中，不時發出抑揚頓挫的聲響。L先生要大家平心静氣，細加分辨。有聽覺靈敏的同學立刻步着泉水的節律脱口而出："平、上、去、入！"衆人頓悟，方知四聲泉果不其然。

聽過四聲泉，又觀賞過色彩斑斕的二百零六韻林，大家正爲沿途美不勝收的風光而忘情之時，突然一道雄關橫亘於前，擋住了去路。衆人擡頭一看，原來是"等韻關"到了。但見關前立有一碑，碑上密密麻麻地布了許多圖表，表中時不時出現"内轉、外轉"及"開、合"等字樣，旁邊赫然鎸着一句話："若過此關，先破此圖。"衆人頭一次遭遇此天書，免不了一陣犯暈。L先生見狀，忙祭起《韻鏡》法寶，要大家與碑上的圖表一一核對，並特別對"重紐"部位做了重點勘察。如此這般幾個回合，衆人如夢方醒。最後，L先生問道："都懂了嗎？"大家剛一答出"懂了"，只聽得關門已訇然大開。衆人發一聲喊，一擁而入。

稍事休息，衆人精神倍增，繼續隨着L先生賞玩山景。心曠神怡之際，眼前又突兀起一塊巨石，上書"反切坡"三個大字。乍看此坡並不怎麽陡峭，只是上面寸草不生，光滑異常，脚一踩上去，人立馬滑溜下來。怪不得 L 先生要穿防滑靴呢。衆人當下没了主張，齊以求援的目光望着 L 先生。L 先生微微一笑，緩緩説道："不必緊張，只要在鞋裏墊上《方言調查字表》，然後按照'橫推直看'的步伐要領走就是了。"話畢，他還實地做了示範。於是衆人硬着頭皮，戰戰兢兢地上了"反切坡"。終於，只聽得 L 先生一聲"行了"，衆人始知越過了"反切坡"，只是誰也不敢回頭去看。

　　過了"反切坡"，中古峰頂即在眼前，衆人一鼓作氣，登了上去。從峰頂俯瞰，只見上古峰和近古峰均略低一頭，緊傍左右，兩峰秀色俱伸手可攬。衆人此刻正雄心勃勃，巴不得一步躍到兩峰之上。不料 L 先生却告誡："上古和近古兩峰看似很近，真要登上去還不那麽容易。今天就登中古峰，其他兩峰以後有機會再登。"

　　天色向晚，在遍遊了頂上風光之後，衆人一起簇擁着 L 先生下山。L 先生興致勃發，隨口吟詠起李白的《蜀道難》來。衆人頓時陶醉於美妙的意境之中，忍不住一齊跟着和起來。我兀自和得起勁，冷不防一脚踏空，人"骨碌碌"地直向山下滚去。只聽得"砰"的一下，腦袋重重地撞在一塊石頭上。我大叫一聲，驟然驚醒。好險，原來是南柯一夢。擡頭一看，原先空白一片的稿紙上竟然爬滿了文字：哇，作文成了！

2000 年 2 月初稿
2001 年 5 月二稿
2002 年元月改定

　　國堯按，此文是王建軍同志學音韻學課時所交的作業，我推薦給《南大報》主編，發表於《南大報》2001 年 12 月 20 日。我又請王建軍同志修改、録入電腦。王建軍同志於 2001 年夏自南大畢業，赴蘇州大學任教，現爲副教授。

2002 年 4 月 3 日記

後　　記

　　1954年王力先生在北京大學講授"漢語史",我做助教,擔任輔導。語音史部分講一個學期,內容較多,同學們接受起來比較困難。那時我一邊學習,一邊在輔導課上給同學們講點音韻知識。1959年王先生改教"古代漢語","漢語史"則由周祖謨先生主講,我仍做輔導工作。但不到一個學期,周先生因病不能繼續上課,此後就由郭錫良先生和我共同擔任"漢語史"教學,一直到現在。

　　1961年北京大學中文系修訂教學計劃,將"漢語史"課前的輔導課上講解的音韻知識獨立出來,增設一門基礎課"漢語音韻學"(其實是恢復北大傳統的"音韻學"課程),作爲"漢語史"和"漢語方言學"的先行課,安排在漢語專業本科二年級下學期,每周三學時,由我講授。六十年代初,先後給漢語專業四個年級講過,自1979年起我又在本校講了五遍。近幾年還先後應邀到廣州暨南大學、湖北荆州師專、北京師範學院、廣西大學、華中工學院和遼寧師範大學等兄弟院校開過音韻學講座。

　　六十年代初,頭一次開這門課時,我寫了一份講授提綱,後來每講一遍都做或大或小的修改,課堂練習也從無到有,從一學期三次增加到八次。我經常考慮的是如何將這門課講得通俗易懂,使同學們容易接受,樂意學習,却沒有想到要將這本教材拿出去出版。1980年,鄭州大學李新建同志來北大進修,他對音韻學很感興趣,在北大兩年,隨班聽了兩遍我講的音韻學課。第二遍,他索性錄下音來,課後又不嫌麻煩一字不漏地迻錄在稿紙上。1982年,我開始在李新建同志錄音迻錄稿的基礎上進行整理和修改。講課比較囉嗦,需要删繁就簡,一些提法也要考慮得確切一點,還要補充一些例子。於是反覆修改了三四遍,最後成爲現在這個樣子。沒有新建同志的敦促和幫助,這本書的出版也許還要推遲幾年。所以我要特別感謝他。

三十年前,王力先生指導我寫了《漢語音韻學常識》。1985年2月,我把這本教程已交出版社的信息報告了王先生,並請他看了目錄。他表示要給我寫篇序言。我見先生剛出院,工作又很忙,請他不必急於動筆,等清樣出來再寫也不遲。由於符號多,又有繁體、僻字,排版比較緩慢。沒想到先生沒有見這本書的出版就離開了我們。謹以此書獻給王力先生的英靈。

最後衷心感謝周祖謨先生的題籤。

唐作藩於北京大學中關園公寓

一九八六年十月二十九日

再版附記

　　此次再版，內容基本未動，除了儘可能減少錯字，主要是改排繁體。本來音韻學屬古漢語範疇，初版用簡體是不得已的，現在改排繁體，這樣就解決了繁簡之間的種種矛盾。只是校訂工作非常麻煩，反覆好幾次。胡雙寶同志又花費了許多時間和精力，特此再次表示深切的謝意。

唐作藩

一九九一年八月十八日

三版附記

第二版重印多次後,膠片已模糊不清,出版社郭力編審提出重排新版,我很同意。新版仍然用繁體。實踐證明,像音韻學這種傳統學科的教材,採用繁體排版是完全必要的。此次又校閱一過,做了一些補訂,並附上張渭毅博士提議並親自編製的《術語、人名及論著索引》,供讀者備查。同時還附錄魯國堯同志推薦的王建軍博士寫的《遊音韻山記》。他把枯燥的音韻學寫成遊記,頗有新意,希望能引起讀者的學習興趣。需要說明的是,本書的基礎或主要目的是要求切實掌握《廣韻》音系。胡雙寶編審此次又認真細致地校訂了兩遍。還有魯國堯、崔樞華、林濤、陳廣忠等教授也先後寄來了勘誤表,一併在此致謝。

唐作藩

二〇〇二年七月於藍旗營小區

四版附記

　　本《教程》第三版發行以來，已逾十年，共印刷了十七次。此外，臺北五南圖書出版公司1992年出版後也一直在印刷發行；又韓國亦於2000年出版了沈小喜教授的韓文譯本。去年，北京大學出版社王飆編審和杜若明編審提出當出第四版了。於是自年初到現在，我集中精力將《教程》校閱一遍，又改動了一些不妥的或過時的提法，做了一些文字上的修飾，補充了部分內容。我要特別感謝耿振生教授、孫玉文教授和張渭毅博士。他們不僅在使用教材時隨時做了一些校勘，此次當我告知他們準備出第四版後，玉文又提供了一份勘誤表，振生爲我做了一些補訂工作，渭毅則將《廣韻》反切上、下字的形體及使用次數和總數的統計做了認真、仔細的訂正和重錄，比如經統計，《廣韻》四聲206韻共有3875個小韻，其中除去兩個小韻用直音注音（見於上聲拯韻拯小韻下注"音蒸上聲"和去聲鑑韻黵小韻下注"黶去聲"），餘皆用反切。3873個反切，又共用472個切上字和1195個切下字。並建議增補參考書目。本《教程》原採用32開本，影響一些表格的排版，不便於查看，經與杜若明編審商定，現改爲異16開本。所以本版當有了一些新意。是否如此，尚請諸位同行和廣大讀者批評指正。

唐作藩
二〇一三年三月於藍旗營寓所

五版附記

　　本書原是據本人上世紀七十年代講課錄音記錄而成，所以全是口語，比較囉唆。此次在第四版的基礎上進行校訂時，除了訂正錯字，儘可能改爲書面語。但本人已年近九旬，腦子已不太好使了，所以是否改好了，尚無把握。敬請採用本書做教材或參考書的老師同學們和廣大讀者繼續批評、指正。

　　最後還要感謝督促與關心本書第五版的北京大學出版社漢語及語言學編輯部杜若明編審、責編歐慧英編輯和王鐵軍博士。

唐作藩

二〇一五年十二月七日

北京大學出版社語言學教材總目

博雅 21 世紀漢語言專業規劃教材：專業基礎教材系列

現代漢語（第二版）（上）　黃伯榮、李煒主編

現代漢語（第二版）（下）　黃伯榮、李煒主編

現代漢語學習參考　黃伯榮、李煒主編

語言學綱要（修訂版）　葉蜚聲、徐通鏘著，王洪君、李娟修訂

語言學綱要（修訂版）學習指導書　王洪君等編著

古代漢語　邵永海主編（即出）

古代漢語閱讀文選　邵永海主編（即出）

古代漢語常識　邵永海主編（即出）

博雅 21 世紀漢語言專業規劃教材：專業方向基礎教材系列

語音學教程（增訂版）　林燾、王理嘉著，王韞佳、王理嘉增訂

實驗語音學基礎教程　孔江平編著

詞彙學教程　周薦著（即出）

簡明實用漢語語法教程（第二版）　馬真著

當代語法學教程　熊仲儒著

修辭學教程（修訂版）　陳汝東著

漢語方言學基礎教程　李小凡、項夢冰編著

語義學教程　葉文曦編著

新編語義學概要（修訂版）　伍謙光編著

語用學教程（第二版）　索振羽編著

語言類型學教程　陸丙甫、金立鑫主編

漢語篇章語法教程　方梅編著（即出）

漢語韵律語法教程　馮勝利、王麗娟著（即出）

新編社會語言學概論　祝畹瑾主編

計算語言學教程　詹衛東編著（即出）

音韻學教程（第五版）　唐作藩著

音韻學教程學習指導書　唐作藩、邱克威編著

訓詁學教程（第三版）　許威漢著

校勘學教程　管錫華著

文字學教程　喻遂生著

漢字學教程　羅衛東編著（即出）

文化語言學教程　戴昭銘著（即出）

歷史句法學教程　董秀芳著（即出）

博雅21世紀漢語言專業規劃教材：專題研究教材系列

實驗語音學概要（增訂版）　鮑懷翹、林茂燦主編

現代漢語詞彙（第二版）　符淮青著（即出）

現代漢語語法研究教程（第四版）　陸儉明著

漢語語法專題研究（增訂版）　邵敬敏等著

現代實用漢語修辭（修訂版）　李慶榮編著

新編語用學概論　何自然、冉永平編著

外國語言學簡史　李娟編著（即出）

近代漢語研究概要　蔣紹愚著

漢語白話史　徐時儀著

說文解字通論　黃天樹著

甲骨文選讀　喻遂生編著（即出）

商周金文選讀　喻遂生編著（即出）

漢語語音史教程（第二版）　唐作藩著

音韻學講義　丁邦新著

音韻學答問　丁邦新著（即出）

音韻學研究方法導論　耿振生著(即出)

博雅西方語言學教材名著系列
　　語言引論(第八版中譯本)　弗羅姆・金等著,王大惟等譯(即出)
　　語音學教程(第七版中譯本)　彼得・賴福吉等著,張維佳譯(即出)
　　語音學教程(第七版影印本)　彼得・賴福吉等著
　　方言學教程(第二版中譯本)　J. K.錢伯斯等著,吳可穎譯(即出)
　　構式語法教程(影印本)　馬丁・希伯特著(即出)
　　構式語法教程(影印本)　馬丁・希伯特著,張國華譯(即出)